公共体育课之
跆拳道课程

卓 岩 编著

扫一扫 下载多媒体资源

西南交通大学出版社
·成 都·

图书在版编目（CIP）数据

公共体育课之跆拳道课程 / 卓岩编著. —成都：西南交通大学出版社，2019.8
ISBN 978-7-5643-7089-3

Ⅰ. ①公… Ⅱ. ①卓… Ⅲ. ①跆拳道－高等学校－教材 Ⅳ. ①G886.9

中国版本图书馆 CIP 数据核字（2019）第 184498 号

Gonggong Tiyuke zhi Taiquandao Kecheng
公共体育课之跆拳道课程

卓 岩 / 编 著

责任编辑 / 张少华
封面设计 / 原谋书装

西南交通大学出版社出版发行
（四川省成都市金牛区二环路北一段 111 号西南交通大学创新大厦 21 楼　610031）
发行部电话：028-87600564　028-87600533
网址：http://www.xnjdcbs.com
印刷：成都中永印务有限责任公司

成品尺寸　185 mm × 260 mm
印张　10.25　字数　255 千
版次　2019 年 8 月第 1 版　印次　2019 年 8 月第 1 次

书号　ISBN 978-7-5643-7089-3
定价　36.00 元

图书如有印装质量问题　本社负责退换
版权所有　盗版必究　举报电话：028-87600562

前 言

跆拳道是一项从朝鲜半岛发展起来的体育项目。从字面意思来解释，"跆"指的台风一样猛烈的踢击技术；"拳"指的是使用手部攻击和防御的技术；"道"指的是使用拳和脚的方法，也代表着跆拳道人不断追求的精神修炼要求。跆拳道的历史可以追溯到2000多年前，发展至今最终成为一项具有现代竞技特色的体育竞赛项目。1973年，韩国政府主导成立了世界跆拳道联盟（简称WTF）。经过全世界跆拳道人的不断努力推广，1988年韩国汉城奥运会跆拳道被列为表演项目，2000年悉尼奥运会上被列入正式比赛项目。现在的跆拳道运动已经发展为有超过一亿人口参与练习，遍布全世界200多个国家的广泛性搏击运动。传统的跆拳道练习方法中包含了很多内容，如腿法、拳法、摔法、护身术、对练、传统品势、冥想、精神修炼等。跆拳道现代竞技比赛分为五大竞赛项目，即跆拳道竞技项目、跆拳道品势项目、跆拳道特技项目、跆拳道击破项目、跆拳道舞项目。目前被列入亚运会的竞赛项目是跆拳道竞技项目和跆拳道品势项目。目前被列入奥运会的竞赛项目只有跆拳道竞技项目。在竞赛规则的主导下，我们所看到的奥运会跆拳道竞技项目主要是由两名选手利用腿法进行比赛，得分多者获胜，因此比赛中80%的技术都是腿法踢击技术。跆拳道运动得以迅速传播主要是因为跆拳道训练注重礼仪、道德的培养，在训练中始终贯穿着"以礼始、以礼终"的精神要求，将礼仪礼节、尊重他人作为最基础的修炼素养，因此也被称为"正人之道、正心之道"。

改革开放以来，我国人民群众生活水平日益提高，但青少年的体质健康状况却不容乐观。著名教育家马约翰先生曾经说过："体育是培养健全人格的最好工具。"本书将从跆拳道发展的时代要求特别是学校公共体育课的教学实践出发，以规范公共体育课中跆拳道技术体系和系统的专业素质为重点，利用公共体育课程中实用的跆拳道技术，提高当代学生的身体素质，培养其对跆拳道运动的兴趣。本书内容全面、专业性强、设计新颖，全书重点放在如何规范和提高学校公共跆拳道体育课的实践上，是专门为高校学生授课而编写的教材，可作为跆拳道教练、体育教师和广大跆拳道爱好者的专业指导用书。

  由于作者水平有限，在本书写作过程中虽力求完美但难免会有不足之处，还敬请业内专业人士和广大读者不吝赐教。

编　者
2019 年 5 月

目 录

第一章 公共体育课之跆拳道课程的指导思想 1

第二章 跆拳道运动介绍 2
  第一节 跆拳道运动的起源与发展 2
  第二节 中国跆拳道运动发展概况 2
  第三节 跆拳道运动的内容 3
  第四节 跆拳道等级 4

第三章 跆拳道运动的级位与段位 6
  第一节 中国跆拳道协会级位制度管理办法 6
  第二节 中国跆拳道协会统一考级内容 7
  第三节 中国跆拳道协会段位制度 10

第四章 跆拳道运动的竞赛规则 15
  第一节 跆拳道运动竞技竞赛规则及解释 15
  第二节 跆拳道运动品势竞赛规则及解释 38

第五章 跆拳道运动的技术 51
  第一节 跆拳道竞技比赛技术 51
  第二节 跆拳道太极品势技术 61

第六章 跆拳道课程选修项目介绍 106
  第一节 跆拳道特技与功力击破项目简介 106
  第二节 跆拳道舞（操）项目简介 107

第七章 跆拳道课程教学大纲制定案例 112

第八章 跆拳道课程教案制定案例 123

第一章

公共体育课之跆拳道课程的指导思想

　　公共体育课程是在校学生必修的体育课程，是通过学校体育教育的培养形式，以某一项体育项目为主要教育手段，通过制定实施科学合理的课程内容，让学生经过规范系统的锻炼达到增强体质健康、提高体育素养、培养终身体育锻炼习惯等主要目标的一门课程。公共体育课程是学校体育工作的核心环节，也是学校素质教育实施的重要内容。公共体育课程教学应以《全国普通高等学校体育课程教学指导纲要》（教体艺〔2012〕13号）和《高校体育工作基本标准》（教体艺〔2014〕4号）文件精神和具体规定为依据，结合实际教学情况和各运动项目的特点制定而成。

　　跆拳道运动项目自2000年成为正式奥运竞赛项目以来，我国健儿不断争金夺银，备受国人瞩目。国内各高校也相继将此运动列为正式公共体育课程。经过多年的教学实践和改革探索，作者建立了"全过程、立体化"的公共体育跆拳道课程教育教学创新体系。公共体育课程之跆拳道课程应以新的《普通高等学校体育与健康课程指导纲要》中提出的主要目标为宗旨，以跆拳道运动为载体，让学生通过跆拳道运动，形成良好的体育锻炼习惯，培养和加深学生对跆拳道运动的喜爱。跆拳道课程不仅可以提升大学生体质健康与学生的体育能力，还能对学生体育兴趣、体育文化素养、礼仪礼貌、德育教育等方面起到积极促进的作用。在跆拳道课程的具体实施中，还要进一步创新体制和机制，优化公共体育课程的内容和结构服务，积极探索新颖的教学模式，力求达到教育部所提出的对高校公共体育课实施的要求。

第二章

跆拳道运动介绍

第一节　跆拳道运动的起源与发展

跆拳道运动起源于2 000多年前的古代朝鲜民间武术，最早记载于朝鲜半岛的古墓壁画中。第二次世界大战以后，原先流亡到海外的朝鲜人相继回到了自己的祖国。武术再度开始在民间流行起来，归国武术家将自己从海外学习回来的武术和自己本国原有的武术包括跆跟、托肩、手搏、唐手道等加以融合和改良，逐渐形成了现代跆拳道运动体系。为了将这项武术运动发展和推广起来，他们将其统一命名为"跆拳道"，并在1954年成立了第一个全国正式的跆拳道组织，将跆拳道运动列为全国运动会的正式比赛项目。1966年现代跆拳道的第一个国际性组织——国际跆拳道联盟（International Taekwondo Federation，简称ITF）在朝鲜平壤成立，崔洪熙为首任主席。当时的ITF有美国、英国、法国、墨西哥、奥地利、澳大利亚、加拿大、埃及、朝鲜、日本、新加坡、马来西亚、菲律宾等20多个国家和地区加入。

1973年5月，韩国政府在当时的汉城（即现在的首尔）成立了世界跆拳道联盟（The World Taekwondo Federation，简称WTF），并推选金云龙为首任主席。为了将两个组织进行区别，WTF在练习技法和竞赛规则上都重新进行了改良，使得这一运动更加符合现代竞技体育发展的规律。1973年，首届世界跆拳道锦标赛举行，经过全世界跆拳道人的不断努力推广。跆拳道最终于1988年韩国汉城奥运会被列为奥运会表演项目，并在2000年悉尼奥运会上被列入正式比赛项目。

第二节　中国跆拳道运动发展概况

在原国家体委（现国家体育总局）的高度重视下，中国跆拳道运动筹备小组于1992年10月7日正式成立。在原国家体委的指导下，我国于1994年5月在河北省石家庄市正定县举行了中国首届跆拳道教练员和裁判员学习班，并在同年9月于云南省昆明市举行了中国首届跆拳道锦标赛。在有计划、有布局的发展下，跆拳道运动在中国的发展迅速步入正轨。1995年8月中国正式成立了中国跆拳道运动协会，魏纪中当选为首任协会主席。同年11月，中国跆拳道运动协会被世界跆拳道联盟接纳为正式会员。在此后20余年的发展中，中国跆拳道健儿在亚洲跆拳道锦标赛、世界跆拳道锦标赛、亚运会和奥运会上屡屡斩获金牌。特别是自2000年悉尼奥运会将跆拳道运动列为正式比赛项目以来，中国共在奥运会跆拳道项目比赛中获得

7枚金牌，这一佳绩为中国跆拳道运动在世界领域身居四强位置做出了突出贡献。据中国跆拳道协会不完全统计，中国青少年跆拳道练习者已经突破 2 000 万名，跆拳道运动在国内获得了空前的发展，已经成为一项群众喜闻乐见的体育项目。

第三节　跆拳道运动的内容

一、礼仪与精神

跆拳道运动在训练时注重礼仪、道德的培养，训练始终贯穿着"以礼始、以礼终"的精神要求。使练习者能够在强身健体的同时，得到一定的礼仪教育，让练习者学会尊重、遵守纪律、守时守约、懂得团结友爱、自发尊敬长辈，故跆拳道也被称为"正人之道、正心之道"。从另一个角度来说跆拳道练习也是礼仪行为教育的一种形式，能使练习者更好地理解礼仪的重要性。

跆拳道的精神修炼可以分为两个层次：一是通过跆拳道运动的练习，使修炼者在身心上获得提升，通过跆拳道运动本身可以获得静态或者动态的平衡，提高身体的敏捷性、获得健康、达到心灵的平静；二是通过跆拳道运动的练习，使修炼者获得意志方面的提升，学会自我控制、增强自信心等。

跆拳道精神——礼仪、廉耻、忍耐、克己、百折不屈，指的是礼仪的行为、廉耻之心、坚强的意志、自我控制能力和不屈服于困难的意志品质。实际上就是人格修养的塑造与运动的技术相互结合，也就是我们国人常说的修身养性。

二、基本技术

跆拳道的基本技术包括单个技术动作、组合动作。跆拳道技术是根据人体的构成结构、攻防规律而设计的一种独具风格的武道动作。跆拳道的技法主要包括：拳法、手法、步法、踢法、擒拿法、摔法等。单个动作间的组合，可以形成各种有特定攻防意义的招法。

三、品势技术

品势技术也被称之为跆拳道的"形"，类似于中国武术的套路，是将跆拳道基本的攻防技术按照一定的哲学思想组合在一起，以套路演练的方式进行修炼的一种方法。每一种武术都会有自己基本的套路形式，跆拳道品势的每一章也都蕴含着自己的哲学思想和文化内涵。例如最初级修炼者练习的太极一章至太极八章就是根据太极八卦图中所蕴含的哲学思想所编排的路线。现在的品势技术已经发展成为一项跆拳道分支的比赛项目，越来越受到重视，还被列为亚运会正式比赛项目。

四、对　打

对打是跆拳道双人练习的一种形式，是事先约定好甲乙双方所使用的攻防技术动作然后进行的一种练习。对打要求攻击用力要适度，不能伤及同伴。对打的内容一般包括：一人进攻另一人防守、一人由进攻转入防守、另一人由防守转入进攻等。对打分为一步对打、两步对打、三步对打等。通过对打练习可以帮助练习者体会跆拳道技术的攻防作用，减少初学者攻防的恐惧心理，培养和提高格斗的距离感、时机感、节奏感等重要素质。

五、护身术

扩身术是利用人体自身的四肢和躯干来进行攻击和防守的一种方法，是武道技法的根源。跆拳道品势中的动作都有特定的攻防含义，都具有特定的攻防作用。练习跆拳道直接的作用就是了解和认识自卫术，在不断地修炼过程中，逐渐掌握自卫术，进而真正体会跆拳道的格斗搏击威力。跆拳道自卫术的内容主要包括：利用关节进行进攻和防守，利用擒拿术、器械等进行格斗等。

跆拳道自卫格斗还经常用于表演。表演中设计一定的情节然后根据情节开展，从而表现跆拳道惩恶扬善、见义勇为的高尚精神，表现跆拳道高超的武功和防卫技艺等。

六、击破与特技

击破和特技是跆拳道练习功力和展示功力的主要形式。经过长期科学合理的专门训练，人体关节部位（拳、掌、肘、膝、头等）能够达到力量充沛、坚硬如铁的状态，可以通过跆拳道技术击碎木板、砖瓦等。在跆拳道特技表演练中，练习者能完成较大难度的技术动作，充分表现跆拳道练习者的速度、准确、腾空高度，表现跆拳道高超的技巧和攻击威力。

七、跆拳舞

跆拳舞是根据特定音乐节奏来表现的跆拳道技术，已成为现代跆拳道的一种重要表现形式之一。跆拳舞结合音乐的练习主要有两种：一种是利用节奏鲜明的音乐引导进行的跆拳道舞（操）练习，这种形式现在很受广大练习者的欢迎，并逐渐演变成为跆拳道一种新的表现形式；另一种是利用意境深远的音乐引导练习者体验跆拳道练习意境。

八、跆拳道竞技

跆拳道竞技指的是选手在一定的比赛规则下，身着规定的保护用品进行徒手对抗的比赛项目。比赛在规则规定的时间和空间内举行，区分年龄、性别、体重进行比赛，通常得分多者获胜。跆拳道竞技比赛目前分为个人赛和团体赛，这也是最早被列为世界性竞赛的跆拳道比赛项目。

第四节　跆拳道等级

跆拳道等级是用来评定练习者的跆拳道技术水平和学识造诣的标准。跆拳道分为九级和九段，共十九个等级。初学者从九级开始至一级，然后再入段。段位由一段到九段，最高段位为九段。

九级至一级是初学者的等级，从初段至三段被认为是黑带新手的段位，从四段到六段属于高水平的段位，七段到九段是授予那些对跆拳道事业发展有重大贡献、具有很高武术和学识造诣的杰出人物的段位。

第三章

跆拳道运动的级位与段位

第一节　中国跆拳道协会级位制度管理办法

第一条　为对我国跆拳道运动进行科学有效的管理，全面与世界跆拳道运动接轨，推动跆拳道运动的发展，特制定本办法。

第二条　级位制度是开展跆拳道运动的重要手段，是对初级跆拳道练习者进行的技术评定和监督管理，由晋级注册、审批、管理、监督和惩罚组成的制度，是跆拳道段位制度的基础。

第三条　级位称号

初学者至中级阶段者称之为级，以道带颜色区分，由初学者白带至红黑带，由低到高具体级别分为：

　　初学者白带　　九级白黄带　　八级黄带　　七级黄绿带　　六级绿带
　　五级绿蓝带　　四级蓝带　　　三级蓝红带　二级红带　　　一级红黑带

其中，初级白带无需考试，学员学满 5 个课时自动转为白带；每次晋级后满一个月方可申请晋升高一级。

第四条　晋级对象

级位称号的适用对象是从事和参与跆拳道运动、自愿申请晋级的中国跆拳道协会的个人会员和外籍会员等。

第五条　晋级办法

具体晋级办法由各省一级体育主管部门或相应的省一级跆拳道协会（中国跆拳道协会一级区域性团体会员）根据本规定自行制定，交报中跆协批准后，由其负责组织实施。

第六条　晋级程序

（1）晋级程序包括申请、考试、审批、授予。

（2）申请人须为中国跆拳道协会个人会员，经有资格的教练推荐（中国跆拳道协会一级教练员以上资格），由所属中国跆拳道协会专业团体会员单位根据所属省级协会（中国跆拳道协会一级区域性团体会员）制定的晋级考试实施细则的规定，提供有关申请资料，向省级协会提出申请。

（3）考试根据各省级跆拳道协会的级位考试实施细则的规定执行，考核内容参考中国跆拳道协会晋级考试内容。

（4）考核通过，经省级协会审批后，由中国跆拳道协会统一颁发级位证书。

第七条　考试要求

（1）应试者必须身体健康；

（2）着中国跆拳道协会指定的道服；

（3）携带中国跆拳道协会个人会员证，并交晋级考试组织单位验证（参加9级以上考试时须同时携带单页级位证书）；

（4）使用中国跆拳道协会指定的各类护具、器材。

第八条 考试官要求

必须是中国跆拳道协会任命的晋级考试官才有资格执考、签署级位证书。

第九条 晋级考试内容（见本章第二节）

第十条 晋级考试费

晋升九至一级的晋级考试费由中国跆拳道协会所属各省一级跆拳道协会，根据当地的情况自行制定、收取、管理和使用，但需报中国跆拳道协会批准、备案。级位证由上述单位根据需要到中国跆拳道协会领取，中国跆拳道协会收取制证成本费。

第十一条 级位证书

（1）级位证书由中国跆拳道协会统一制作、监制和管理，伪造必究。

（2）级位证书由两部分组成：一是单页纸质证书，每级均不相同，晋高一级需要更换；二是会员证，记录每次晋级情况，并由省级协会盖章确认，参加晋级考试时须携带（级位证书具体价格待定）。

（3）颁发级位证时，将提供与单页证书编号相对应的验证码，会员在中跆协网站上输入此验证码，进行认证及自动更新个人级位资料。

第十二条 权利

获得中国跆拳道协会颁发的级位证书者，拥有如下权利：

（1）参加中国跆拳道协会组织的各类竞赛、训练、培训等活动；

（2）经中国跆拳道协会推荐，参加国际跆拳道的有关活动；

（3）获得1级级位证书者，可参加跆拳道国际段位晋段考试。

第十三条 处罚

获得级位称号者出现以下情况之一，中国跆拳道协会将根据情节给予警告、通报直至吊销证书等处罚。

（1）用不正当途径获得级位证书和更改、伪造级位证书；

（2）触犯法律，扰乱社会治安；

（3）无考试资格者进行考试；

（4）其他各种不良行为。

第十四条 本制度颁布实施之后，除中跆协之外的任何组织或团体不得擅自颁发中国跆拳道协会级位证书。如有违反，国家体育总局和中跆协将会同有关部门予以查处。

第十五条 本实施细则自2007年4月1日起施行。最终解释权归国家体育总局拳击跆拳道运动管理中心、中国跆拳道协会所有。

第二节 中国跆拳道协会统一考级内容

一、白黄带（九级）

（1）基本礼义：进馆礼义、鞠躬方法、道服穿着等。

（2）基本动作：
① 基本准备姿势，基本踢腿准备姿势；
② 马步冲拳一次，两次，三次（配合发声）。
（3）基本拳法：上踢腿法（配合发声）。
（4）跆拳道基本国际用语。

二、黄带（八级）

（1）基本动作：走步，弓步，下格挡，中格挡，上格挡。
（2）腿法：
① 前踢（配合发声）；
② 左右前踢组合（配合发声）。
（3）体能：
① 俯卧撑（男10、女6、儿童4）；
② 仰卧起坐（男15、女8、儿童6）；
③ 双腿提膝（左右各10次）。
（4）品势：太极一章必考。

三、黄绿带（七级）

（1）柔韧：横、左右竖叉（抽查）。
（2）基本动作：行进间弓步上位正拳击。
（3）基本腿法：
① 横踢（配合发声）；
② 下劈（配合发声）；
③ 横踢+高位横踢（左右各2次、配合发声）。
（4）体能：
① 俯卧撑（男15、女10、儿童8）；
② 两头起（男15、女10、儿童8）；
③ 背肌（男20、女10、儿童8）；
④ 每腿两次左右提膝（各10次）。
（5）品势：太极二章必考。

四、绿带（六级）

（1）柔韧：横、左右竖叉（抽查）。
（2）基本动作：行进间三七步手刀中位外格挡（左右各2次）。
（3）腿法：
① 侧踢（配合发声）；
② 前腿下劈（配合发声）；
③ 前腿横踢（配合发声）。

（4）体能：
① 拳卧撑（男 10、女 5、儿童 3）；
② 两头起（男 20、女 12、儿童 3）；
③ 立卧撑跳（男 15、女 10、儿童 6）。
（5）品势：太极三章必考，太极一至二章中抽考一章。

五、绿蓝带（五级）

（1）柔韧：横、左右竖叉。
（2）基本动作：弓步平手尖刺击（左右各 2 次）、弓步燕子手刀颈部攻击（左右各 2 次）。
（3）腿法：
① 前旋踢（配合发声）；
② 双飞踢（配合发声）；
③ 横踢+双飞踢（配合发声）。
（4）体能：
① 抱膝跳（男 15、女 10、儿童 8）；
② 拳卧撑（男 15、女 6、儿童 4）；
③ 快速转身左右横踢脚靶（左右各 4 次、配合发声）。
（5）品势：太极四章必考，太极一至三章中抽考一章。

六、蓝带（四级）

（1）柔韧：横、左右竖叉。
（2）基本动作：下格挡+下捶拳（左右各 2 次）。
（3）腿法：
① 后踢（配合发声）；
② 横踢+后踢（配合发声）；
③ 原地腾空后踢（配合发声）。
（4）体能：
① 拳卧撑夹臂（男 15、女 8、儿童 6）；
② 单腿快速横踢脚靶（男 20、女 15、儿童 10）。
（5）品势：太极五章必考，太极一至四章中抽考一章。

七、蓝红带（三级）

（1）柔韧：横、左右竖叉。
（2）基本动作：行进间单手刀上位斜外格挡（左右各 2 次）
（3）拳法：直拳击靶。
（4）腿法：
① 360°横踢（配合发声）；
② 横踢+360°横踢（配合发声）；
③ 三飞踢（配合发声）。

（5）体能：
① 立卧跳转体360°（男10、女8、儿童4）；
② 双腿腾空左右分腿拍脚（男10、女8、儿童6）。
（6）品势：太极六章必考，太极一章至五章中抽考一章。

八、红带（二级）

（1）柔韧：横、左右竖叉。
（2）基本动作：行进间虎步、单手掌中位内格挡（左右各2次）。
（3）腿法：
① 后旋踢（配合发声）；
② 任意组合腿法（男3种、女3种、儿童2种）；
③ 360°横踢+后旋踢（配合发声）；
④ 横踢+后旋踢（配合发声）。
（4）体能：
① 俯卧撑击掌（男8、女5、儿童3）；
② 双腿腾空向前双拍脚+分腿拍脚（男5组、女4组、儿童3组）；
③ 指卧撑（男8、女4、儿童2次）。
（5）实战：2分钟一回合。
（6）理论：裁判规则、技术理论答疑。（抽查）
（7）品势：太极七章必考，太极一至六章中抽考一章。

九、红黑带（一级）

（1）基本动作：外山势隔挡（左右各4次）。
（2）腿法：
① 横踢+360度横踢+后旋踢；
② 横踢+双飞+后踢；
③ 腾空后旋踢。
（3）击破：
① 腾空二段前踢（男3块、女2块、儿童1块）（1cm厚度跆拳道木板）；
② 360°横踢（男3块、女2块、儿童1块）（1cm厚度跆拳道木板）。
（4）实战：3分钟一回合。
（5）理论：裁判规则、技术理论答疑。（抽查）
（6）品势：太极八章必考，太极一至七章中抽考一章。

第三节 中国跆拳道协会段位制度

第一条 总则
为对我国跆拳道运动进行科学有效的管理，全面与世界跆拳道运动接轨，规范跆拳道运动的技术等级体系，推动跆拳道运动的发展，特制定本制度。

第二条　内容

段位制度是开展跆拳道运动的技术评定标准，是对从事和参与跆拳道运动者进行的技术评定和监督管理，包括晋级、晋段、考试、审批、管理、监督和惩罚组成的制度。

第三条　依据

划分段位的基本依据是申请者的年龄、训练年限、技术水平，以国际国内比赛成绩为参考，执行中国跆拳道协会（以下简称中跆协）认可的有关考试标准。

第四条　段位

（1）段位称号由低至高依次分为一段、二段、三段、四段、五段、六段、七段、八段、九段。十六岁以下练习者获得的段位称为品，最高至四品，满十六岁后自动转为段。以上品、段位的跆拳道练习者系黑色腰带。

（2）设立荣誉段位，授予对中国跆拳道事业作出重大贡献的人士。

（3）申请者的年龄和年限如表 3.1 所示。

表 3.1　申请者的年龄和年限

段　位		晋升间隔年限	段位开始年龄	品位开始年龄
品	一品	/	无	16 岁以下
	二品	1 年	无	16 岁以下
	三品	2 年	无	16 岁以下
	四品	3 年	无	19 岁以下
段	一段	/	15 岁以上	
	二段	1 年	16 岁以上	
	三段	2 年	18 岁以上	
	四段	3 年	21 岁以上	
	五段	4 年	25 岁以上	
	六段	5 年	30 岁以上	
	七段	6 年	36 岁以上	
	八段	7 年	44 岁以上	
	九段	8 年	53 岁以上	

（4）中国段位年限审核标准主要是以上一次晋升段位考核通过时间作为主要依据；

（5）一、二、三品位的获得者，十五岁以后将拥有相同段位，可更换相同段位的证书；四品在十八岁以后将拥有相同段位，可更换相同段位的证书。

第五条　对象

段位称号的适用对象是从事和参与跆拳道运动、自愿申请晋段的中国跆拳道协会（以下简称中跆协）的个人会员（包括在华求学或就业的外籍会员）。

所有申请晋升段位的申请人须满足下列条件：

（1）中跆协个人会员；

（2）取得中跆协一级级位以上资格，技术水平达到相应段位的要求；

（3）遵纪守法，品德优良；

（4）符合晋段的年限和年龄规定。

第六条　权限

（1）由中跆协段位考试委员会负责制定考试标准及实施细则，各级团体会员遵照本制度分级实施。

（2）一至三段（含三段）晋段考试由区域性一级团体会员单位组织实施。

（3）四至九段考试由中跆协段位考试委员会统一组织实施。

（4）特批升段：

特批升段是指减免晋升段位所需年限、简化考试程序和要求，经培训考试合格后授予相应段位。

中跆协设立特批升段，对在奥运会、世锦赛、世界杯、亚运会等重大国际比赛中代表中国获得前三名的优秀运动员，以及为跆拳道项目发展作出重大或突出贡献者进行特批升段。

第七条　考试

（1）各级跆拳道协会依据管理权限，分级组织实施晋段考试，上交有关资料和考试费用；

（2）一至三段（品）考试内容如表 3.2 所示。

表 3.2　一至三段（品）考试内容

考核项目	考核内容		
理论试卷	选择题试卷，要求：品位者 10 分钟内完成，段位者 15 分钟内完成		
基本技术	前踢、横踢、侧踢、推踢、下劈、前旋踢、后踢、后旋踢、旋风踢所有腿法左右各 3 次		
组合腿法	（1）前腿横踢+旋风踢+后旋踢；（2）后腿横踢+三飞踢+反击后踢；（3）前腿横踢+下劈+反击双飞+后旋踢。三选一完成，左右各 3 组		
品势考核	一段（品）	抽考 1~8 章两套品势	必考高丽
	二段（品）	抽考 1 章~高丽两套品势	必考金刚
	三段（品）	抽考 1 章~金刚两套品势	必考太白
多方位脚靶	30 秒内完成，包括基本技术在内的四种以上腿法和步伐组合		
实战考核	一局或两局竞技实战，每局 1 分钟		
特技考核	特技动作展示或功力击破		
问答（抽考）	要求以素质教育类题目或跆拳道国际用语类题目		

（3）四至七段考试内容如表 3.3 所示。

表 3.3　四至七段考试内容

考核项目	考核内容
论文提交	需提交与跆拳道运动相关的论文 1 篇
固定脚靶技术	前踢、横踢、侧踢、推踢、下劈、前旋踢、后踢、后旋踢、旋风踢所有腿法左右各 3 次

续表

考核项目	考核内容		
组合腿法	（1）后腿横踢+旋风踢+后旋踢；（2）前推踢+三飞踢+反击后踢；（3）后手拳迎击+双飞+下劈+后旋踢。三选二完成，左右各3组		
品势考核	四段	抽考1章~太白两套品势	必考平原
	五段	抽考1章~平原两套品势	必考十进
	六段	抽考1章~十进两套品势	必考地跆
	七段	抽考1章~地跆两套品势	必考天拳
多方位脚靶	30秒内完成5组3个腿法以上的组合技术和步伐技术组合		
实战考核	穿着护具进行两局竞技实战，每局1分钟		
特技考核	特技动作展示或功力击破		
问答（抽考）	要求以素质教育类题目或跆拳道国际用语类题目		

（4）八至九段考试内容如表3.4所示。

表3.4 八至九段考试内容

考核项目	考核内容		
论文提交	需提交与跆拳道运动相关的论文1篇		
固定脚靶技术	前踢、横踢、侧踢、推踢、下劈、前旋踢、后踢、后旋踢、旋风踢 所有腿法左右各3次		
自创品势考核	演练一套动作在40~60个之间的自创品势		
规定品势考核	八段	抽考1章~天拳两套品势	必考汉水
	九段	抽考1章~汉水两套品势	必考一如
教学演示	自定义教学内容，进行10~20分钟的教学演示		
功力考核	拳或脚击破展示		
论文答辩	针对论文进行答辩		

（5）考试费标准如表3.5所示。

表3.5 考试费标准

段 位	考试费（元）
一段	300
二段	400
三段	500
四段	600
五段	700
六段	800
七段	900
八段	1 000
九段	1 000

第八条　授予

晋段考试审查合格后，由中跆协授予段位资格、颁发段位证书。

段位证书由中跆协统一制作、统一监制、统一管理，伪造必究。

第九条　权利

获得中跆协颁发的段位证书者，拥有如下权利：

（1）参加中跆协组织的各类竞赛、训练、培训等活动；

（2）经中跆协推荐，参加国际跆拳道的有关活动；

（3）可申请跆拳道教练员、裁判员、晋级考试官资格；四段以上称号者可申请晋段考试官和培训师资格。

第十条　处罚

（1）获得段位称号者出现以下情况之一，段位考试委员会将根据情节轻重给予警告、通报直至取消段位资格等处罚。

① 用不当途径获得段位资格或更改、伪造段位证书；

② 无视安全鼓励他人从事具有危险性演示、竞赛和训练；

③ 触犯法律，扰乱社会治安；

④ 其他各种不良行为。

（2）区域性一级团体会员单位组织晋段考试时违反段位考试规定，段位考试委员会上报中跆协后暂停其段位考试组织权，追究责任。

（3）非经中跆协授予的段位资格，中跆协一律不予认可。任何组织或团体擅自伪造中跆协段位证书，中跆协将通过法律手段追究其责任。

第十一条　本管理办法自颁布之日起实行，最终解释权归中国跆拳道协会所有。

第四章

跆拳道运动的竞赛规则

第一节 跆拳道运动竞技竞赛规则及解释

一、目 的

本竞赛规则的目的是为世界跆拳道联盟（World Taekwondo Federation，简称 WT）、WT 洲际联盟（简称 CU）和 WT 会员国及地区协会（简称 MNA）主办或认可的各级比赛提供标准化规则；本竞赛规则旨在确保与竞赛有关的所有事项均以公平有序的方式进行。

（说明）

"目的"是确保在全世界范围内跆拳道竞赛的规范化，所有违反此基本规则的竞赛均不被承认为跆拳道竞赛。

二、适用范围

1 本规则适用于所有由 WT、CU 和 MNA 主办或认可的比赛。但是，任何想要修改一些或部分竞赛规则的 MNA，须经 WT 的事先批准。如果 CU 或 MNA 未经 WT 的事先批准而违反本规则，则 WT 可以行使其酌情权驳回或撤销其对有关国际赛事的批准。此外，WT 可能会对相关的 CU 或 MNA 采取进一步的纪律处分。

2 所有 WT 和/或 CU 和/或 MNA 主办或认可的比赛都应遵守 WT 条例、争议解决和纪律处分章程以及所有其他相关规则和条例。

3 所有 WT 和/或 CU 和/或 MNA 主办或认可的比赛都应该遵守 WT 医疗准则和 WT 反兴奋剂规则。

（解释）

事先获批：任何组织需要变更现有规则的任何条例，必须在规定比赛时间一个月之前将所更改的内容及其理由报请 WT 审批。WT 主席批准后，WT 可在技术代表的判定下对其主办的比赛进行修改并应用本规则。

三、竞赛场地

1 竞赛场地应为平整、无障碍的场地，铺设有弹性的防滑垫。必要时，竞赛场地可置于离地面 0.6~1.0 米高度的平台上。边缘线外缘部分应低于 30°的斜坡向下倾斜，以保障参赛运动员的安全。

可选择下列任意一种形状的竞赛场地。

1.1　正方形赛场。

竞赛场地由竞赛区域与安全区域构成。正方形竞赛区域为 8 米 × 8 米。赛区周边为安全区，四面距离应相等。竞赛场地（竞赛区和安全区）应不小于 10 米 × 10 米，不大于 12 米 × 12 米。如果竞赛场地在平台上，安全区可按需扩大，以确保参赛运动员的安全。依据竞赛操作指南，因以不同的颜色划分竞赛区域和安全区域。

1.2　八角形赛场

竞赛场地由竞赛区域与安全区域构成。竞赛场地应为正方形，应不小于 10 米 × 10 米，不大于 12 米 × 12 米。竞赛场地的中央为八角形的竞赛区，该赛区直径约为 8 米，八角形的每一侧边长度为 3.3 米。竞赛场地的外围线和竞赛区的边界线之间为安全区。依据竞赛操作指南，应以不同的颜色划分竞赛区域和安全区域。

2　位置标注

2.1　竞赛区域的外缘线应称为边界线（Boundary Line），竞赛场地的外缘线应称为外围线（Outer Line）。

2.2　靠近记录台的前外缘线应称为第 1 外围线，顺时针旋转依次为第 2、第 3、第 4 外围线。与第 1 外围线相邻的边界线应称为第 1 边界线，顺时针旋转依次为第 2、第 3、第 4 边界线。如果是八角形的竞赛区域，靠近第 1 外围线的边缘线被称为第 1 边界线，顺时针旋转依次为第 2、第 3、第 4、第 5、第 6、第 7、第 8 边界线。

2.3　主裁与参赛运动员于竞赛开始与结束时的位置：参赛运动员的位置应该在竞赛区域中心点 1 米以外的两个对立点上，与第 1 外围线平行。主裁应安排在竞赛区域中心向第 3 外围线 1.5 米处。

2.4　边裁位置：第一名裁判的位置应位于距第 2 边界线角落至少 2 米处。第二名裁判的位置应位于第 5 边界线中心以外至少 2 米处。第三名裁判的位置应位于距第 8 边界线角落至少 2 米处。如果设有两名裁判，第一名裁判的位置点应距离第 1 边界线中心至少 2 米，第二名裁判的位置点应距离第 5 边界线中心至少 2 米。裁判的位置可能会改变，以便媒体、直播和赛事呈现等工作。

2.5　记录仪和 IVR（即时录像回放系统）的位置：记录仪和 IVR 应位于距第 1 外围线 2 米处。记录仪的位置可能会改变，以适应场地环境、媒体播出和赛事呈现的要求。

2.6　教练的位置：教练的位置应在其参赛运动员一方外线中点至少 2 米以外的地方标出。可以改变教练的位置以适应场地的环境、媒体播出和赛事呈现的要求。

2.7　检查台的位置：检查台的位置应靠近竞赛区域的入口，以便检查参赛运动员的护具。

（解释-1）

弹性垫材：垫材的弹性与滑度必须在比赛前经由世界跆拳道联盟检验认证通过。

（解释-2）

颜色：垫材表面的颜色必须避免严重反光的色泽或是容易造成运动员和观众视觉疲劳的颜色。颜色搭配必须与运动员的服装、装备以及竞赛场地的表面颜色相互匹配。

（解释-3）

检查台：检查工作人员检查参赛运动员佩戴的所有用品是否为 WT 所批准并适合参赛运动员。如果发现不适，需要请参赛运动员更换护具。

四、参赛运动员

1 参赛资格

1.1 参赛队伍国籍拥有者。

1.2 有 WT 或 MNA 的推荐。

1.3 有国技院或 WT 颁发的段位或级位证书。

1.4 拥有 WT 的全球运动员执照。

1.5 年龄在 17 岁以上的可参加相关年份主办的成人比赛（青少年锦标赛 15~17 岁，少年锦标赛 12~14 岁）。

2 比赛服装和竞赛装备

2.1 在所有列于 WT 赛事日历的比赛中，必须使用 WT 批准认证的道服或比赛服装以及所有例如但不限于地垫、PSS（保护和计分系统）、IVR、护具等竞赛装备。

2.1.1 道服或比赛服装、护具和所有其他装备的规格应该分开阐述。

2.2 参赛运动员须穿着世界跆拳道联盟所认证的道服、头盔、护胸、护臂、手套、护挡、护腿和电子感应袜（使用 PSS 的情况下），并在进入竞赛区之前佩戴护齿。进入竞赛区域时，头盔必须夹于左臂下。在竞赛开始前，应遵循主裁指示带上头盔。

2.3 穿着道服时，护臂、护腿、应戴在道服内；穿着比赛服装时，护臂、护腿应戴在服装内，两种情况下，护挡都应穿在服装内。

2.4 参赛运动员应自带 WT 认可的护具，如手套、护齿等，以供个人使用。少年运动员的头盔必须配备有面罩。禁止穿戴头盔以外的任何物品。任何宗教物品，且不得造成伤害或妨碍对方运动员。

2.5 组委会对竞赛器材的职责

2.5.1 组委会（WT 主办赛事）负责自费为所有相关材料、设备和相关技术人员准备以下 WT 认可的设备，以供赛事使用。

- 护胸和头盔相关的器材与设备（PSS）的供应公司的选择由世界跆拳道联盟决定（世界跆拳道少年锦标赛应使用带面罩的头盔）。
- 垫材。
- 其他防护装备的存放（电子感应袜、手套、护臂、护腿、护挡以及道服或比赛服装）。
- 即时录像回放（IVR）系统与其相关设备，包含但不限于摄像机（每个场地最少 3 台，决赛和半决赛最少 4 台摄像机，其中包括一台置顶摄像机），竞赛数据及时反馈给 IVR 以供录像审议。G-12 以上级别的比赛应使用 4D 技术 IVR 系统。
- 赛场内巨型屏幕（用于展示赛程树状图以及运动员的数据等）。
- 观众计分显示屏（用于 IVR 影像展示，最少 12 个）。
- 赛场计分显示屏（用于显示计分，每个场地最少 4 个）。
- 在运动员检录区或热身区的实时展示系统（RTDS）。
- 在裁判休息室或等候区的实时裁判呼叫系统（RTRCS）。
- 裁判休息室直播比赛的电视。
- 如有本节未明文规定的其他竞赛设备应在 WT 竞赛操作指南中进行说明。

2.5.2 组委会（WT 主办赛事）负责自费在训练场地准备以下设备和材料等。

- 护胸和头盔相关器材与设备。
- 垫材。
- 固定自行车。
- 跑步机。
- 紧急救护应急设备（详见医疗规范）。
- 制冰器具。
- 冰箱。
- 瓶装水。

2.5.3 组委会有责任获得 WT 对准备设备数量的批准。

3 反兴奋剂测试

3.1 WT 主办或认可的跆拳道比赛中，禁止使用或施用 WADA（世界反兴奋剂组织）禁止列表中描述的任何药物或化学物质。WADA 反兴奋剂规则适用于奥运会和其他综合赛事的跆拳道比赛。WT 反兴奋剂规则应适用于 WT 主办和认可的比赛。

3.2 WT 可以进行任何认为必要的兴奋剂检测，以确定参赛运动员是否违反了本规则，任何拒绝接受该检测或证明已违反该规则的参赛队员将被从最终排名中删除，并且该记录将由比赛排名的次位参赛运动员递补。

3.3 组委会负责做好兴奋剂检查的一切必要准备工作。

3.4 WT 反兴奋剂规则的细节应作为章程的一部分制定。

（解释-1）

参赛队国籍的持有者：当参赛运动员代表国家参赛时，他（她）的国籍取决于提交参赛申请前代表的国家。国籍的核查将在护照审查时进行。拥有两个或多个国籍的选手可以视其选择，代表其中任何一个国家参赛。但是，在选手国籍变更的情况下，只有选手代表某个国家参加以下赛事期满 36 个月，他（她）才可以代表其他国家参赛。

（1）奥运会。

（2）奥运会资格赛。

（3）四年一次的洲际综合赛事。

（4）两年一次的洲际锦标赛。

（5）世跆联主办的世锦赛。

若 NOC 或 WT 同意，这一期限（36 个月）可以缩短甚至取消。WT 可随时对违反本条例的运动员及其 MNA 实施纪律处分，包括但不限于剥夺其比赛成绩。但是对于 16 岁或以下的运动员，除非对赛两国中有一国提起申诉，否则本条例不适用。如有争议，WT 应进行评估并做出最终决议。决议一旦做出，将不再接受进一步申诉。

（解释-2）

WT MNA 推荐人员：MNA 应保证运动员的无妊娠情况、性别，并确保所有参赛队员已接受体检，结果正常，适合参赛。此外，MNA 负责购买其参赛运动员及官员在比赛期间（WT 主办赛事）的意外健康险和公共责任险。

（解释-3）

护齿：护齿的颜色只能是白色或透明。但若有医生诊断证明使用护齿会对运动员造成伤害，则该名运动员可不佩戴护齿。佩戴牙套（矫正牙套）运动员应使用牙医建议的牙套专用护齿，并递交牙医提供的报告文件，阐明运动员佩戴该护齿不会有任何健康隐患。

（解释-4）

头盔：比赛期间只能佩戴红色或蓝色的头盔。

（解释-5）

即时录像回放系统（IVR）：组委会有责任确保能提供 WT 要求的比赛播出反馈。

（解释-6）

贴包扎：在运动员检查时，应严格检查他们手部和脚部的贴包扎。检查员可以请求 WT 委员会医生的同意，进行二次贴包扎。在称重时，参赛运动员应拆下绑带检查是否有开放性创伤、划伤或流血。

五、量级区分

1. 世界级别分为男子组与女子组，级别分类如表 4.1 所示。

表 4.1

男子组		女子组	
级别	体重	级别	体重
53kg 以下	54kg 以下	46kg 以下	46kg 以下
58kg 以下	54kg 以上 58kg 以下	49kg 以下	46kg 以上 49kg 以下
63kg 以下	58kg 以上 63kg 以下	53kg 以下	49kg 以上 53kg 以下
68kg 以下	63kg 以上 68kg 以下	57kg 以下	53kg 以上 57kg 以下
74kg 以下	68kg 以上 74kg 以下	62kg 以下	57kg 以上 62kg 以下
80kg 以下	74kg 以上 80kg 以下	67kg 以下	62kg 以上 67kg 以下
87kg 以下	80kg 以上 87kg 以下	73kg 以下	57kg 以上 73kg 以下
87kg 以下	87kg 以上	73kg 以上	73kg 以上

2. 奥运会级别分类如表 4.2 所示。

表 4.2

男子组		女子组	
级别	体重	级别	体重
58kg 以下	58kg 以下	49kg 以下	49kg 以下
68kg 以下	58kg 以上 68kg 以下	57kg 以下	49kg 以上 57kg 以下
80kg 以下	68kg 以上 80kg 以下	67kg 以下	57kg 以上 67kg 以下
80kg 以上	80kg 以上	67kg 以上	67kg 以上

3. 青年锦标赛级别分类如表 4.3 所示。

表 4.3

男子组		女子组	
级别	体重	级别	体重
45kg 以下	45kg 以下	42kg 以下	42kg 以下
48kg 以下	45kg 以上 48kg 以下	44kg 以下	42kg 以上 44kg 以下
51kg 以下	48kg 以上 51kg 以下	46kg 以下	44kg 以上 46kg 以下
55kg 以下	51kg 以上 55kg 以下	49kg 以下	46kg 以上 49kg 以下
59kg 以下	55kg 以上 59kg 以下	52kg 以下	49kg 以上 52kg 以下
63kg 以下	59kg 以上 63kg 以下	55kg 以下	52kg 以上 55kg 以下
68kg 以下	63kg 以上 68kg 以下	59kg 以下	55kg 以上 59kg 以下
73kg 以下	68kg 以上 73kg 以下	63kg 以下	59kg 以上 63kg 以下
78kg 以下	73kg 以上 78kg 以下	68kg 以下	63kg 以上 68kg 以下
78kg 以上	78kg 以上	68kg 以上	68kg 以上

4 青奥会级别分类如表 4.4 所示。

表 4.4

男子组		女子组	
级别	体重	级别	体重
48kg 以下	48kg 以下	44kg 以下	44kg 以下
55kg 以下	48kg 以上 55kg 以下	49kg 以下	44kg 以上 49kg 以下
63kg 以下	55kg 以上 63kg 以下	55kg 以下	49kg 以上 55kg 以下
73kg 以下	63kg 以上 73kg 以下	63kg 以下	55kg 以上 63kg 以下
73kg 以上	73kg 以上	63kg 以上	63kg 以上

5 少年级别分类如表 4.5 所示。

表 4.5

男子组		女子组	
级别	体重	级别	体重
33kg 以下	33kg 以下	29kg 以下	29kg 以下
37kg 以下	33kg 以上 37kg 以下	33kg 以下	29kg 以上 33kg 以下
41kg 以下	37kg 以上 41kg 以下	37kg 以下	33kg 以上 37kg 以下
45kg 以下	41kg 以上 45kg 以下	41kg 以下	37kg 以上 41kg 以下
49kg 以下	45kg 以上 49kg 以下	44kg 以下	41kg 以上 44kg 以下
53kg 以下	49kg 以上 53kg 以下	47kg 以下	44kg 以上 47kg 以下
57kg 以下	53kg 以上 57kg 以下	51kg 以下	47kg 以上 51kg 以下
61kg 以下	57kg 以上 61kg 以下	55kg 以下	51kg 以上 55kg 以下
65kg 以下	61kg 以上 65kg 以下	59kg 以下	55kg 以上 59kg 以下
65kg 以上	65kg 以上	59kg 以上	59kg 以上

（解释-1）

"以下"：指体重精确到小数点后一位。例如：50.0 kg 以下级别，50.0 kg 为合格，50.1 kg 超过限重，宣布失格。

（解释-2）

"以上"：50 kg 以上级别，体重 50.1 kg 起为合格，50.0 kg 及以下未达标，宣布失格。

六、竞赛分类与方法

1 竞赛分类如下：

1.1 个人赛：一般在相同重量级别的参赛运动员进行。必要时，相邻重量级别可重组为新级别。参赛运动员在一场赛事中只允许参加一个级别的比赛。

1.2 团体赛：团体赛的竞赛方法和重量级区分在《世界跆拳道团队锦标赛指南》中规定。

2 赛制分类如下：

2.1 单败淘汰制。

2.2 循环赛制。

3 奥运会跆拳道项目和四年一次的洲际综合赛事采用单败淘汰制，或单败淘汰制与复活赛制相结合的方式。

4 WT 认可的所有国际赛事应至少有四个国家参加，且每个重量级别的比赛应该至少有 4 名选手参加（必须实际出场比赛）。WT 不认可任何少于四个国家参加的赛事或少于 4 名选手参加的重量级别比赛的结果。

5 世界跆拳道大奖赛将根据最新的《WT 大奖赛指南》举办。

（说明）

（1）在锦标赛赛制中，比赛以个人赛为基础。但是，根据综合评分法，参赛队得分也可以是个人得分的总和。

参赛队得分应根据以下标准的总分决定：

① 称重合格后，每一名上场比赛的运动员获得基础分 1 分。

② 每赢得一场比赛加 1 分（包括轮空场次）。

③ 每获得一枚金牌额外加 120 分。

④ 每获得一枚银牌额外加 50 分。

⑤ 每获得一枚铜牌额外加 20 分。

*若两支参赛队伍得分相同，先后名次按以下办法排列：

① 按各队伍获得的金牌、银牌、铜牌数顺序。

② 参赛运动员顺序。

③ 大级别获得分数多者顺序。

（2）在团体赛制中，每场团体赛的结果都由各个参赛队的比赛结果决定。

（解释）

整合重量级别：整合方法应遵循奥林匹克重量级别规则。

七、比赛时间

1　比赛将进行3局，每局2分钟，局间休息一分钟。如果3局过后分数持平，休息1分钟进行第4局时长1分钟的黄金加时赛。

2　每局比赛时长可根据相关比赛技术代表的决议可调整为1分钟×3局，1分钟30秒×3局，2分钟×2局或5分钟×1局（每位参赛运动员有1次30秒的暂停时间）。

八、抽签

1　抽签日期应在竞赛规程中明确。每队至少派一名代表参与抽签，参赛队伍有责任在抽签前确认其参赛。如参赛队无代表参加抽签，该参赛队应指派一名代理，并在抽签开始前告知技术代表或组委会。

2　抽签方式包括人工随机抽签和电脑随机抽签两种。抽签的方法和顺序应由技术代表决定。

3　根据WT的积分排名，一部分选手为种子选手。种子选手的人数应在竞赛指南或规程中列出。在WT认可的所有比赛中，至少有25%的选手将获得种子选手资格。

九、称重

1　参赛运动员在其比赛日前一天进行统一称重。统一称重时间由组委会决定，并在领队会议上告知各参赛队。每次称重的时长不超过2小时。

2　每个比赛日上午将在场馆进行随机称重。所有通过统一称重的运动员必须在开赛前2个小时参加随机称重。如有运动员随机称重时没有出现，将被取消参赛资格。随机称重必须在每个比赛日开赛前30分钟前完成。

2.1　在竞赛规程中公布随机称重的选择比率，在每个比赛日开赛前2个小时由电脑根据选择比率随机抽出参加称重的运动员。

2.2　进行随机称重时，根据级别，允许体重向上浮动5%。允许体重低于该级别体重。

3　称重时，男性运动员穿着内裤，女性运动员穿着内裤和胸罩。但是，若运动员愿意，可以裸体称重。

3.1　少年和青年运动员必须穿着内衣称重，可以抵消体重100 g。

4　统一称重只进行一次，但是，第一次称重未通过的运动员在称重结束前有第二次称重机会。每名参加随机称重的运动员只有一次称重机会，没有第二次称重。

5　为保证通过称重，在运动员驻地和比赛场地放置和统一称重相同的体重秤进行预称重。

（解释-1）

比赛当日的参赛运动员：指在组委会或WT排定的比赛日进行比赛的参赛选手。

（解释-2）

男女运动员分开称重。称重官员应与其称重的参赛运动员性别一致。

（解释-3）

称重时的失格：若参赛运动员称重失格，将不会获得任何排名积分。

（解释-4）

试称体重秤与正式体重秤相同：试称体重秤必须与正式体重秤型号相同，并具有相同的精确度，在赛前由组委会核对无误。

十、比赛程序

1 参赛运动员检录：运动员检录台将在比赛预计开始前 30 分钟呼叫参赛选手姓名三次。若参赛运动员在第三次检录时未能报到，将宣布其失格。

2 身体、服装及相关用品检查：检录后，参赛运动员应接受 WT 指定检查员在指定的检查台对其进行身体、服装及用品检查。参赛运动员不得违抗检查，不得使用任何可能对其对手产生伤害的物品。

3 进入竞赛区域：检查后，参赛运动员应在一名教练、一名队医或理疗师（如有）的陪同下进入教练区。

4 比赛开始前与比赛结束后的程序

4.1 每场比赛开始前，主裁给出"青（Chung）""红（Hong）"的口令，双方参赛运动员左臂夹头盔进入竞赛区域。若参赛运动员未到场，或在教练区未及时穿戴全套服装，包括全套护具、制服等，他（她）将被视为弃权，主裁将宣布其对手为获胜方。

4.2 双方运动员相向站立，听到主裁发布"立正（Cha-ryeot）和敬礼（Kyeong-rye）"的口令时互相鞠躬。鞠躬时自然站立，腰部前屈不小于 30°，头部前屈不小于 45°。鞠躬完毕后，运动员带上头盔。

4.3 主裁发出"准备（joon-bi）和开始（Shi-jak）"口令开始比赛。

4.4 每局比赛由主裁发出"开始（Shi-jak）"口令即开始。

4.5 每局比赛以主裁判员的口令"停（Keu-man）"结束。如果主裁判员没有发出"停（Keu-man）"口令，以比赛时间结束判定比赛结束。但是，即使比赛时间结束，主裁判员仍然可以给出"严重警告（Gam-jeom）"判罚并计入得分。

4.6 当主裁给出"分开（Kal-yeo）"的口令时，比赛暂停；当主裁给出"继续（Kye-sok）"的口令时，比赛继续。记录员必须在听到"分开（Kye-sok）"的口令时立即停止读秒，并在听到"继续（Kye-sok）"的口令时立即恢复读秒。

4.7 最后一局比赛结束后，主裁向获胜方举手并宣布其胜利。

4.8 选手退场。

5 团体赛程序。

5.1 双方队伍应按照提交的参赛队伍顺序，面朝第 1 边界线方向相向队列站立。

5.2 赛前赛后程序按照本章第 4 条进行。

5.3 双方队伍需到比赛场外指定的区域等候上场。

5.4 末局结束后，双方队伍立即进场相向列队站立。

5.5 主裁向获胜方举手示意。

（解释）

队医、按摩师、运动康复师或理疗师：

在提交随队参赛官员名单时，应附上队医、按摩师、运动康复师或理疗师相关且有效的英文书写的执照复印件。核实后，应发放给队医、按摩师、运动康复师或理疗师证件卡。只有获得证件卡的人员才可与教练一同进入比赛区域。

（执裁指导）

在使用 PSS 时，主裁应检查两名运动员佩戴的 PSS 和电子感应袜是否正常工作。但是，为节约比赛时间，这个过程可以取消。

十一、合规技术与区域

1 合规技术。

1.1 拳的技术：握紧拳头并使用正拳进行正面攻击的技术。

1.2 脚的技术：使用踝关节以下脚的部位进行攻击的技术。

2 合规区域。

2.1 躯干：允许使用拳的技术和脚的技术攻击被护具包裹的躯干部位，但禁止攻击后背脊柱部位。

2.2 头部：指锁骨以上的部位，只允许使用脚的技术进行攻击。

十二、有效得分

1 得分区域。

1.1 躯干：护胸的蓝色或红色区域。

1.2 头部：头盔底边上的所有头部区域。

2 有效得分标准。

2.1 通过合法技术，以一定力度击打躯干得分区域，则得分。

2.2 通过合法技术，击打头部得分区域，则得分。

2.3 除出拳的技术外，技术、击打力度和/或击打部位的有效性将由电子计分系统判定。PSS 的判定不可提出录像审议 IVR。

2.4 WT 技术委员会应根据选手重量级别、性别和年龄段，决定击打力度和 PSS 的感应度，在某些必要的情况下，技术代表可以重新校准有效的击打程度。

3 有效得分如下所示：

3.1 有效拳的技术击中躯干护具得 1 分。

3.2 有效腿的技术击中躯干护具得 2 分。

3.3 有效旋转技术击中躯干护具得 4 分。

3.4 有效腿的技术击中头部护具得 3 分。

3.5 有效旋转技术击中头部护具得 5 分。

3.6 给出一个"Gam-jeom"判罚，对方运动员得一分。

4 比赛成绩为 3 局比赛分数总和。

5 无效得分：当参赛运动员的记录得分有以下犯规行为时：

5.1 如在得分后发生犯规行为，主裁应宣布对犯规行为的判罚并宣布得分无效。

十三、计分和公布

1 有效得分的计分应主要由安装在 PSS 上的电子计分系统判定。拳打技术的得分或转身技术所得的额外分数应通过手动计分装置判定。如果未使用 PSS，所有得分将通过边裁手动计分进行判定。

2　如果头部 PSS 没有与躯干 PSS 同时运用，通过脚的技术击打头部的得分将通过边裁手动计分进行判定。

3　如果 PSS 判定转身技术得分无效，则其所得的额外分数也将失效。

4　在 3 个角设置了边裁的情形下，需要两名或以上的边裁确认有效得分。

5　在 2 个角设置了边裁的情形下，需要两名边裁确认有效得分。

6　如果主裁发现一名选手被有效击打后站立不稳，流血或因被踢中头部而倒下，则开始读秒，但头部 PSS 未记录本次得分，主裁可在读秒后要求 IVR 判定是否得分。

十四、犯规行为与判罚

1　违规行为和判罚由主裁宣告。

2　第十四章规定的违禁行为将由主裁以"严重警告（Gam-jeom）"口令进行扣分判罚。

3　一次"扣分"将给予对方选手 1 分。

4　犯规行为。

4.1　以下行为为犯规行为，应给予"严重警告（Gam-jeom）"判罚。

4.1.1　越出边界线。

4.1.2　倒地。

4.1.3　回避比赛。

4.1.4　抓或推对方运动员。

4.1.5　提膝阻挡和/或踢对方运动员腿部以阻碍进攻，或者在空中踢击动作超过 3 秒以阻碍进攻，或瞄准对方运动员腰部以下的意图踢击。

4.1.6　踢击腰部以下部位。

4.1.7　在主裁发出"分开（Kal-yeo）"的口令后的进攻。

4.1.8　用手击打对方运动员头部。

4.1.9　用膝部顶撞或攻击对方运动员。

4.1.10　攻击倒地运动员。

4.1.11　在贴靠的状态下，膝部向外，用脚侧或脚底击打电子护具。

4.1.12　运动员或教练员出现如下不良行为。

（1）不遵守主裁的指令或判定。

（2）对官员判定的不当抗议行为。

（3）试图扰乱或影响比赛结果的不恰当行为。

（4）激怒或侮辱对方的运动员或教练员的行为。

（5）未被授权的医生/治疗师或其他运动队官员坐在医生席位。

（6）运动员或教练员的任何其他严重不当言行以及违反体育道德的行为。

4.2　当教练员或者运动员不遵照主裁判的口令以及出现过激不良行为时，主裁判可以出示黄牌发起处罚申请。竞赛监督委员会应着手调查教练员或运动员的行为并决定是否处罚。

5　如果参赛选手故意一再拒绝遵守本规则或主裁的指令时，主裁判员可以出示黄牌，终止比赛，并宣布对方运动员获胜。

6 如果检查台的主裁或在比赛区域的官员认为，参赛选手或教练试图操纵 PSS 传感器的灵敏度，和/或用不恰当的行为改造 PSS 以影响其功能，如有必要，他们会与 PSS 的技术人员商榷以作判定。若为事实，该选手将被取消参赛资格。

7 当参赛选手累计"扣分"次数达 10 次，主裁应通过判罚犯规宣布该名选手为败方。

8 在第十四章 7 条中，应将"扣分"计入三局比赛的总分。

（说明）

制定违禁行为及惩罚的目的如下：

（1）保护参赛运动员的安全。

（2）确保比赛公平公正。

（3）鼓励运动员使用恰当的技术。

（解释）

严重警告（Gam-jeom）扣分：

（1）越出边界线：运动员单脚越出边界线，被判罚"Gam-jeom"。如出界是因为对方的犯规行为造成，则不判罚出界一方。

（2）倒地：运动员倒地应判罚为"扣分"。若倒地一方是因对方的违规行为所致，该运动员不应予以判罚，而应判罚对方运动员。如果双方运动员为非故意倒地，不予以"扣分"的判罚。

（3）回避比赛：

① 此行为包含没有进攻意图拖延比赛。持续表现出不在进攻状态的运动员，被判罚"Gam-jeom"。如果双方运动员持续 5 秒对峙不攻，主裁判员给出"fight"口令，5 秒后如双方仍对峙不攻，则判罚双方，或消极后撤的一方运动员。

② 由于转身躲避对方运动员的进攻违背了公平竞技的精神，也容易导致严重的伤害事故，因此将被判罚。同样，为逃避对方运动员进攻蜷伏或弯腰至腰部水平线以下，也应给予判罚。

③ 若只为回避对手进攻或拖时而避战，消极的一方应被给予"扣分"判罚。

④ "伪装受伤"是指为证明对方行为犯规而故意夸大伤痛或伪装身体部位受伤，或者为拖延比赛时间而故意夸大伤痛，此时，主裁判员给出"Gam-jeom"判罚，再给出判罚前，主裁判员可以提出录像审议说明伪装受伤行为。

⑤ 若运动员为了调整护具位置而要求主裁判停止比赛，也应给予"扣分"判罚。

（4）抓或推对方运动员：

"抓"包括用手抓对方运动员的身体的任何部位、道服或护具。还包括抓脚或腿或用前臂勾住腿的动作。

"推"有以下行为之一的，应予以处罚：

① 将对手推出边界线。

② 推对手以阻止其使用踢打或任何正常的进攻动作以推的方式阻碍对手的攻击或任何干扰正常的进攻技术动作

（5）抬腿阻挡或攻击对手腿部以阻止其进行踢腿进攻，或抬腿、控腿超过 3 秒以阻挡对手进行可能的踢腿进攻，或瞄准击打对手腰部以下部位。

抬腿或踹（切）踢腿动作只有在进行拳或踢腿的组合进攻时，才不会受到判罚。

（6）攻击对方运动员腰部以下部位：

指故意攻击对方腰部以下部位。如果攻击对方运动员腰部以下的部位是因为双方在技术交换的过程中造成的，则不予判罚。

本条同样适用于通过强有力的踢击或蹬踏动作攻击对方运动员大腿、膝关节或胫骨及任何部位以干扰对方选手技术的情况。

（7）在主裁发出"分开（Kal-yeo）"的口令后攻击对方运动员

① "分开"指令后的攻击行为实际接触对方运动员身体

② "分开"指令前的攻击行为不予判罚

③ 在录像审议时，分开的时间点应为主裁发出"分开"指令的手势完成时（手臂完全伸直）；进攻开始的定义为进攻脚完全离地。

④ 若在"分开"指令后的攻击没有落到对手身上，但该行为表现为故意或敌意，主裁可实行"扣分"判罚。

（8）用手击打对方头部：

包括用手（拳）、手腕、手臂、肘部击打对方运动员头部。但是，若因不可避免的动作（如过分低下头或不小心转动身体），则不受本条的判罚。

（9）用膝部顶撞或攻击对方运动员：

指在近距离时，故意用膝部顶撞或攻击对方运动员。但是，以下情况不在判罚之列：

① 当使用合规攻击技术时，对方运动员突然移动或前冲靠近；

② 非故意的或进攻距离不合适所造成的。

（10）攻击已倒地的对方运动员：此类行为非常危险，极有可能导致对方运动员受伤。原因是：

① 倒地的运动员可能处于未防御状态。

② 倒地运动员的位置状态，对其使用的任何技术的击打力度将会增大。

对倒地运动员进行此类攻击的行为违背跆拳道运动精神，在跆拳道竞赛中是不允许的。在此类情况下，无论攻击影响如何，主裁应对故意攻击倒地运动员的选手给予判罚。

当有后续踢击或拳的技术等组合时，抬腿或者向腰以下方向的侧踢或截踢不被判罚。且在局间休息时，如运动员或教练员有不良行为，主裁判员可以立即给出"Gam-jeom"判罚，下一局比赛开始时，立即计入下一局结果。

十五、黄金得分与优势判定

1 若3局比赛结束时双方平分，进行第4局金赛局（加时赛），时间1分钟。

2 进入金赛局，运动员前3局的得分归零。

3 金赛局中，首先获得2分及以上分数的运动员为获胜方，或者一方运动员被判罚两个"Gam-jeom"时，对方运动员获胜。

4 金赛结束时，若双方均未能得到2分，根据如下优势标准判定获胜方：

4.1 金赛局中使用拳的技术得1分的运动员。

4.2 金赛局中没有运动员使用拳得1分，或者双方均使用拳得1分时，本局比赛中，电子护具感应到击打次数更多的运动员。

4.3 如果电子护具感应到的击打次数相同，前三局中获胜局数更多的运动员。

4.4 如果获胜局数相同，所有四局比赛中被判罚"Gam-jeom"更少的运动员。

4.5 如上述获胜标准均一致，则由临场主裁判员和边裁判员根据金赛局双方运动员的表现进行优势判定。如果优势判定决定为2比2，则由主裁判员的判定决定获胜方。

（解释-1）

优势判定应基于对手的技术优势，通过积极的比赛掌控、较多的技术运用、难度和复杂程度较高的技术运用以及更好的方式展示。

（解释-2）

如果一名运动员在对手踢中躯干之前成功完成了踢头，但躯干PSS已经计分，则该运动员的教练可要求录像审议。如果录像审议员判定踢头有效，且执行动作时间早于躯干PSS，则裁判应宣布躯干PSS得分无效，然后宣布踢头得分，并宣布踢头的运动员为胜方。

（执裁指导）

"优势判定"的步骤如下：

（1）比赛前主裁携带"优势判定卡"。

（2）若比赛进入"优势判定"程序，主裁给出优势记录"Woo-se-girok"的口令。

（3）主裁给出口令后，边裁在10秒内低头记录下获胜方并签名递交给主裁。

（4）主裁收集所有"优势判定卡"，记录最终结果并宣布获胜方。

（5）宣布获胜方后，主裁把"优势判定卡"递交给记录台，由记录台交给世跆联的技术代表。

十六、获胜方式

1 主裁判员终止比赛胜（RSC）。

2 最终比分胜（PTF）。

3 分差胜（PTG）。

4 金赛局金分胜（GDP）。

5 优势判定胜（SUP）。

6 弃权胜（WDR）。

7 失格胜（DSQ）。

8 主裁判员判罚犯规胜（PUN）。

9 违反体育道德行为胜（DQB）。

（解释-1）

主裁判员终止比赛胜（以下情形主裁可以宣布终止比赛，一方获胜）：

（1）一方运动员被对方运动员的合法技术击倒，并在主裁判员读秒至"8"时无法继续比赛，或者在读秒过程中，主裁判员判定运动员无法继续比赛。

（2）主裁判员发出继续比赛口令3次，运动员仍不服从。

（3）如果主裁认为需要停止比赛以确保参赛运动员安全。

（4）由于参赛运动员受伤，组委会医生决定停止比赛。

（解释-2）

分差胜：如在第2局结束时或在第3局比赛期间，2名运动员的分差达20分时，主裁应宣布比赛结束，并通过分差获胜宣布获胜方。在半决赛或决赛通过分差获胜不适用于成年组的锦标赛规程。

（解释-3）

弃权胜：

（1）一方运动员弃权，另一方运动员获胜。

（2）一方运动员在比赛中因受伤或其他原因弃权。

（3）教练向比赛场地扔毛巾示意自己的运动员弃权，另一方获胜。

（解释-4）

失格胜：一方运动员称重不合格或在检录台传唤3次仍未检录，根据失格原因，后续行为将有所不同。

（1）如果参赛选手未通过或未参加称重：应将结果反应在抽签表上，并将结果提交给技术官员和其他相关人员，本次比赛不指定主裁，且未通过或未参加称重的运动员无需到场参加比赛。

（2）如果选手通过称重但未到运动员检录台：指定主裁与对手应进入比赛区域并在其位置等待，直到主裁宣布对手运动员为获胜方。本节"十、比赛程序"的第4.1条规定了具体程序。

（解释-5）

判罚犯规胜：选手累计"扣分"次数达10次。

（解释-6）

因不道德行为被取消参赛资格胜：在以下情形中，主裁宣布因不道德行为取消参赛资格获胜

（1）当发现选手或任何他/她的队员操控PSS的传感器或计分系统。

（2）当选手在称重时作弊。

（3）当发现选手违反WT反兴奋剂规则时。

（4）当选手或教练有本节"二十三、制裁"的第3.1和3.2条所述的严重违规行为。

所有因不道德行为而被取消参赛资格的选手，将删除其成绩，并且受其影响的运动员的记录将重新调整。

（解释-7）

无效结果标记胜：

（1）双方失格。

（2）双方弃权。

（3）双方因不道德行为取消比赛资格。

十七、击　倒

在进行合规攻击时，应宣布击倒：

1　由于对方的得分技术的力量，导致除双脚以外的身体任何部位触地。

2　由于对方的得分技术，导致选手身体摇晃，丧失继续比赛的意识和能力。

3　由于受到合法的得分技术，裁判判定被攻击的运动员无法继续比赛。

（解释）

击倒：由于运动员受击打倒地，或身体摇晃，或不能胜任比赛要求，可被视为"击倒"。即使在没有这些指示的情况下，若裁判判断继续比赛将有危险或运动员的安全不能保障，也可视为被"击倒"。

十八、击倒事件的处理程序

1 当选手因对手的合法攻击而被击倒时，裁判应采取以下措施：

1.1 主裁发出"分开（Kal-yeo）"口令暂停比赛，并将进攻者置于远处。记录员应在主裁发出"分开（Kal-yeo）"口令后停止比赛计时。

1.2 主裁大声从"1"到"10"向被击倒的运动员读秒，每间隔1秒读1次，并用手势在其面前提示时间。

1.3 即使被击倒的运动员在读秒过程中示意可以继续比赛，主裁也必须读到"8"，使其获得休息，并确认是否恢复，如已恢复就发出"继续（Kye-sok）"口令继续比赛。

1.4 主裁读到"8"时，被击倒的运动员仍无法示意可以继续比赛，则通过RSC（裁判停止比赛）宣判对方运动员"击倒胜"。

1.5 即使一局或整场比赛时间结束，主裁也要继续读秒。

1.6 如果双方运动员同时被击倒，有任何一方尚未恢复，主裁将继续读秒。

1.7 读秒读到"10"后双方运动员均不能恢复，应按"击倒"前的比分判定胜负。

1.8 主裁判定一方运动员不能继续比赛，可以不读秒或在读秒过程中宣判另一方运动员获胜。

2 赛后程序：因任何部位受重伤的运动员在提交相关国家联盟指定的医生证明后，未经WT医疗主席批准，随后30天内不得参加比赛。

2.1 除需紧急治疗情况外，任何受重伤的运动员必须在比赛结束后立即由场馆医生进行评估，并由医务主任（MC）在医务室确认。

2.2 凡因头部受伤而被击倒的运动员，必须按照WT医疗规则由医务人员在医务室进行检查。场馆医生必须在运动员头部受伤后30分钟内对其进行SCAT5（脑震荡评估工具第五版）检查。

2.3 根据SCAT5评估诊断脑震荡的选手将被停赛30天（成年）、45天（青少年）或60天（少年）。

（解释-1）

将进攻者置于远处：

在此情况下，进攻方运动员应回到开始比赛时自己所处的位置，但是，如果被击倒的运动员就在进攻方运动员比赛开始时所处的位置上或附近，进攻方运动员应在其教练席前的警戒线处等待。

（执裁指导-1）

主裁应随时做好准备以应对突发击倒事件或应强力攻击（一般情况下）导致运动员站立不稳的情况。

（解释-2）

若运动员在读秒过程中站立起来并示意可以继续比赛：

读秒的根本目的是为了保护运动员，即使运动员在主裁读秒至"8"以前示意可以继续比赛，主裁仍应继续读秒至"8"，才能继续比赛。读秒至"8"是强制性的，主裁不能随意更改。

（解释-3）

主裁应确认运动员是否恢复意识：

若恢复，则发出"继续（Kye-sok）"口令继续比赛。主裁必须在读秒至"8"之前就判断出运动员是否恢复。读秒后必须确认运动员的状态是否恢复，此程序必须执行。主裁在继续比赛之前不允许无谓的延误时间。

（解释-4）

主裁读秒至"8"时，被击倒的运动员仍无法示意可以继续比赛，则读秒至"10"后通过RSC（裁判停止比赛）宣判另一方运动员"击倒胜"：

运动员以实战姿势、紧握双拳数次示意可以继续比赛。如果运动员在读秒至"8"时，仍不能用此手势表示"已恢复"，主裁应立即再读秒至"9"、"10"后宣判另一运动员"击倒胜"。读秒至"8"后，运动员再示意可以继续比赛应视为无效。如果主裁判定被击倒的运动员已不能继续比赛，即使该名运动员在主裁读秒至"8"时示意可以继续比赛，主裁可继续读秒至"10"，随后宣布比赛结束，另一方运动员"击倒胜"。

（解释-5）

当运动员被重击得分攻击动作击倒，并出现危急状况，主裁应优先急救，可以暂停读秒，或是在急救时读秒。

（执裁指导-2）

（1）主裁在读秒过程中应当立即判断运动员的状态，不允许在读秒至"8"后，花费额外的时间去确认运动员是否恢复。

（2）当运动员在主裁读秒至"8"前已明显恢复，并示意可以继续比赛，主裁也确定运动员状态可以继续比赛，但医疗救护的影响仍无法恢复比赛的状态，主裁发出口令的步骤为："分开（Kal-yeo）"、"暂停（Shi-gan）"，然后转入本规则第十九章的程序。

十九、暂停竞赛的处理程序

1 当一方或双方运动员因受伤而中断比赛时，主裁应采取以下措施，然而，若暂停比赛的原因非受伤等因素，主裁应宣告"暂停（Shi-gan）"，再宣告"继续（Kye-sok）"继续比赛。

1.1 主裁发出"分开（Kal-yeo）"口令，并指示记录员暂停时间。

1.2 主裁应允许运动员在一分钟内接受大会组委会医生紧急治疗；若委员会医生缺席或判断有必要进一步治疗时，主裁可允许随队医生进行紧急治疗。

1.2.1 如有必要，组委会医生可要求延长时间（最多2分钟）。

1.2.2 如果没有组委会医生、随队医生或医疗主席在场，可要求赛场任何附近的任何医生（或医疗助理）为运动员提供急救。

1.3 如果受伤运动员一分钟后不能继续比赛，主裁应宣告其对手获胜。

1.4 因"扣分"行为造成任何一方运动员受伤，1分钟后不能恢复比赛，主裁判犯规者负。

1.5 双方运动员同时受伤，1分钟后均不能继续进行比赛时，按双方受伤前双方得分判定胜负。

1.6 如果主裁认定运动员仅是撞击的疼痛，应宣告"分开（Kal-yeo）"，再宣告"起身（Stand-up）"，如果运动员拒绝继续比赛，主裁于宣告三次"起身（Stand-up）"口令之后，应宣告"停止比赛（RSC）"。

1.7 如果主裁认定运动员已经受伤，例如骨折、脱臼、足踝扭伤或出血，应在宣告"计时（Kye-shi）"后，允许运动员接受 1 分钟的急救治疗。主裁在宣告"起身（Stand-up）"指令后，若发现确认运动员收到上述类别的伤害，可以允许运动员接受急救治疗。

1.8 因伤停赛：如果主裁认定运动员已经受伤，例如骨折、脱臼、足踝扭伤或出血，应咨询医务委员会主席或主席指派的委任医生。如果运动员因相同的方式再次受伤，医务委员会主席或是主席指派的委任医生可建议主裁停止竞赛，并宣告伤者落败。

（解释-1）

主裁判定运动员由于受伤或其他任何紧急情况不能继续比赛，可按以下方式处理：

（1）如果一方运动员处于失去知觉或严重受伤等紧急状态，应立即实施急救并结束比赛。此种情况下，比赛结果将按照以下方式判定：

① 由"扣分"行为造成的，判犯规者负；

② 由合法技术动作意外的、不可避免的接触造成的，判不能继续比赛者负；

③ 由与比赛无关的原因造成的，按比赛中断前的得分判定胜负。如果中断比赛发生在第一局比赛结束前，该场比赛无效。

（2）运动员受伤程度不严重，在主裁给出"计时（Kye-shi）"口令可有 1 分钟时间接受必要的治疗。

① 责令继续比赛：受伤的运动员能否继续比赛由主裁判定，在 1 分钟治疗时间内，主裁可在听取赛事组委会医生意见后，随时给出口令继续比赛，不服从命令继续比赛者将被判负；

② 受伤的运动员接受治疗或恢复过程中，在"计时"至 40 秒时，主裁每隔 5 秒钟用受伤运动员可以听到的口令提示时间，运动员在 1 分钟结束时不能回到指定位置继续比赛，主裁必须宣判比赛结果；

③ 主裁发出"计时（Kye-shi）"口令后，无论赛事组委会医生是否参与治疗，1 分钟的计时必须严格执行。但是，当运动员需要治疗而医生缺席或运动员需要进一步治疗时，主裁可以适当延长 1 分钟的计时限制；

④ 如 1 分钟后不能继续比赛，比赛结果将根据本条款（1）来判定。

（3）如双方运动员受伤，1 分钟后均不能继续比赛，或出现紧急情况，比赛结果将按以下方式判定：

① 如因一方运动员的"扣分"行为造成，则判犯规者负；

② 如不属于"扣分"行为，比赛结果将按中断比赛时的比分判定。但是，如比赛中断发生在第一局比赛结束之前，则该场比赛无效，赛事组委会将安排在合适的时间重新比赛。如一方运动员在重新比赛时仍不能参赛，则被视为弃权；

③ 如因双方运动员的"扣分"行为引起，则判双败。

（解释-2）

因上述条款内容以外的原因造成比赛中断，将按以下方法处理：

（1）因不可控制的情况需要中断比赛，主裁将中断比赛并服从赛事组委会的指示；

（2）如果第二局比赛结束后比赛中断，且比赛不能继续进行，根据比赛中断之前的比分判定胜负；

（3）如果第二局比赛结束前比赛中断，原则上将安排重新比赛，并进行全部 3 局比赛。

二十、技术官员

1 技术代表。

1.1 资格：世界跆拳道联盟主席可根据世界跆拳道联盟秘书长的推荐，为WT主办的赛事指派技术代表。

1.2 任务：技术代表负责确保世界跆拳道联盟竞赛规则的正确实施，并主持领队会议以及抽签。抽签、称重与竞赛结果须经技术代表认可后才能对外公布。技术代表在竞赛区域以及在与竞赛管理委员会协商竞赛总体的技术事项中有最终决定权。技术代表应就有关竞赛规则没有规定的任何事项作出最后的决定。技术代表也担任竞赛管理委员会主席。技术代表负责报告赛事评估事项。

2 竞赛监督委员会（CSB）成员。

2.1 资格：CSB成员应由WT主席根据秘书长的推荐，从具有足够跆拳道比赛经验和知识的人员中任命。

2.2 组成：WT主办的赛事上，CSB应由一名主席与不超过四人的成员组成。

世界跆拳道联盟我组委会、裁判委员会与跆拳道医务人员会以及跆拳道运动员委员会主席，应列为当然委员（ex-officio member）。不过，如有必要，主席可调整人员构成。

2.3 任务：CSB应协助技术代表处理竞赛事务与相关技术的问题，以确保竞赛得以顺利进行。CSB主要负责评估审核陪审与裁判员的表现。竞赛管理委员会在竞赛过程中也应兼任临时执裁委员会，以处理关于管理竞赛方面的事务。

3 裁判人员。

3.1 资格：WT注册的国际裁判证书持有者。

3.2 任务。

3.2.1 主裁。

3.2.1.1 裁判掌握和控制整场比赛；

3.2.1.2 比赛过程中根据场上情况，即时发出"开始（Shi-jak）"、"分开（Kal-yeo）"、"暂停（Shi-gan）"、"继续（Kye-shi）"、"结束（Ke-man）"、减分或判罚等口令，并判定胜负；

3.2.1.3 依据本规则独立行使判决权利；

3.2.1.4 原则上主裁不参与计分，但是，如果比赛中1名以上的边裁举手提示有得分未被计分，主裁将召集边裁（一位主裁+三位边裁）进行合议。在两位边裁要求下更改判决，主裁必须接受并更正判决。在一位主裁+两位边裁的编制下，有两位裁判同意的情况下可修改计分结果。

3.2.1.5 在第15条所界定的情况，如有必要，应在4局结束后由裁判官员作出优势判定。

3.2.2 边裁。

3.2.2.1 即时计分；

3.2.2.2 当主裁提出要求时，如实回答主裁的问询。

3.2.3 录像审议员（RJ）。

3.2.3.1 录像审议员应审查即时回放，并在30秒内将决定通知主裁。

3.2.4 技术助理。

3.2.4.1 技术助理应在竞赛过程中保持监控记分牌计分、宣告判罚与时间是否正确，并立即通知主裁在相关方面的任何棘手问题。

3.2.4.2　技术助理与系统操作和记录人员保持密切沟通以通知主裁开始或停止竞赛。

3.2.4.3　技术助理应与手动记录所有的分数、判罚与实时录像回放审查（IVR）结果于技术助理的报表上。

3.3　各竞赛场地裁判人员的组成。

3.3.1　由1名主裁和3名边裁组成。

3.3.2　由1名主裁和2名边裁组成。

3.4　裁判员的指派。

3.4.1　主裁和边裁的指派应在比赛时间表确定后进行。

3.4.2　同场赛事中，主、边裁不得与参赛运动员具有相同国籍。但当裁判员人数不足时，边裁可例外。

3.5　裁判责任：主裁和边裁的判定为终局判定，其判定内容向竞赛监督委员会负责。

3.6　制服。

3.6.1　主裁和边裁应穿着WT指定的制服。

3.6.2　裁判员不得携带可能妨碍比赛的物品进入比赛场地。如有必要，裁判员在比赛场地使用手机可能会受到限制。

4　记录员：负责竞赛计时、暂停时间、终止竞赛，以及记录并公布比分与违规的记录。

（解释）

裁判官员必须单独住在一个酒店里，以避免与球队官员接触。酒店距离场馆车程应小于20分钟。

（说明-1）

裁判员的资格、职责、组织等情况，应遵守WT关于国际裁判管理的规定。

（说明-2）

技术代表在与竞赛监督委员会协商后，可更换或处罚指派错误、执裁不公或造成多次不合理错误的裁判人员。

（执裁指导）

如果边裁对于合法攻击脸部所给的分数不一致，例如一位边裁给1分，另一位给2分，其他的没给分，因而没有被视为有效得分，或是计时、计分判罚错误的情况下，任何一位裁判人员都可以指出此类错误，并要求重新确认。随后主裁可以宣告"暂停（Shi-gan）"暂停竞赛时间，并集合边裁做确认，讨论后主裁应公告结果。如遇同时有教练要求录影审查与边裁要求重新确认的情况下，主裁应先召集边裁再接受指导教练的请求。如果已经决定变更判决，该名指导教练应回坐并不使用限额的录影审查申诉。若指导教练仍然站立要求录影审查，主裁应接受其要求。此条例亦是适用于主裁对击倒错误判断的情况，当主裁读秒至"三（Seht）"或"四（Neht）"时，边裁可以提出异议。

二十一、即时录像回放

1　若在比赛期间对裁判员的判决有异议，教练可以提出即时录像审议回放要求。只有在以下情况中，教练员可申请录像回放：

（1）给予对方运动员的判罚：倒地、越过边界线、"分开"后攻击、攻击已倒地的运动员。

（2）技术分（旋转技术得分）。

（3）对我方运动员的任何判罚。

（4）任何机械故障或时间管理错误。

（5）裁判员判罚犯规后的漏减分。

（6）裁判员对用拳攻击运动员的错误判定。

2　当教练员申诉时，主裁应走近教练席并询问申诉理由。提出录像审议申诉的范围仅限于主裁在竞赛规则的应用、边裁的计分以及判罚的错误。任何关于由PSS电子护具计分系统所确认的脚步或是以正拳攻击得分的申诉，皆不获得采纳，即时录像回放审议的范围仅限于教练针对发生的一个动作，并与于5秒内提出的请求。一旦教练举出红色或蓝色卡要求即时录像回放时，除非教练满意边裁合议结果，不论任何情况都将视其使用了申诉的限额。

3　主裁应要求录像审议员进行即时录像回放审查，录像审议员必须与运动员国籍不同，方可审查即时录像回放。

4　在对即时录像重放进行审查后，录像审议员应在收到请求后30秒内将审查结果告知主裁。

5　每场比赛中，教练员可以提出1次"录像审议"申请。但是，根据赛事的规模和级别，技术代表可以在领队会议期间决定申请名额。如果该次申请成功且相关判罚或计分被更正，可继续提出申请。

6　录像审议员的判决是最终判决，在比赛中和比赛后不接受更进一步的申诉。

7　若出现比赛结果判定错误、比分计算错误或者运动员身份识别错误的情况，应当在比赛期间随时要求复核、纠正。一旦主裁和边裁离开比赛区，任何人都不能要求复审或改变判定结果。

8　若申诉成功，竞赛监督委员会可在竞赛结束时对竞赛进行调查，并在必要时，对有关裁判官员进行处罚。

9　在第三局最后10秒钟或黄金加时赛的任何时间，当教练员没有申诉配额时，任何边裁可以要求加减技术分。

10　在没有即时视频回放系统的比赛中，将采用以下抗诉程序。

10.1　如对比赛结果有异议，需在该场比赛结束后10分钟内，由参赛队代表向仲裁委员会（竞争监督委员会）提交申诉书，并交纳申诉费。

10.2　重新评估审议应排除与运动员相同国籍的成员，审议决议采取多数决议。

10.3　仲裁委员会（竞赛管理委员会）委员可召集当事裁判确认事件。

10.4　仲裁委员会（竞赛管理委员会）的裁决结果为最终判定结果，不接受理任何形式的申诉。

10.5　审议程序如下：

10.5.1　允许申诉过国的教练或领队向仲裁委员会做简短的口头陈述以支持自己的立场。应允许申诉国的教练或领队提出简短反驳声明。

10.5.2　审查抗议申诉后，遭抗议的竞赛应依判据"可接受"或"不接受"的判据准则进行。

10.5.3　必要时仲裁委员会（竞赛委员会）可听取主裁与边裁的意见。

10.5.4　必要时仲裁委员会（竞赛委员会）检视判决证据，例如书面或影像记录资料。

10.5.5　审议后，仲裁委员会（竞赛管理委员会）应进行不记名投票并依多数决议。

10.5.6　仲裁委员会（竞赛管理委员会）主席将审议结果汇集成报告，并公诸于众。

10.5.7　裁决后的程序。

10.5.7.1　在确定比赛结果、计分或参赛运动员身份识别出现错误，将导致裁决被推翻。

10.5.7.2　适用规则错误：当仲裁委员会确定裁判在适用竞赛规则时有明显错误判决时，应纠正错误结果并处罚裁判。

10.5.7.3　在事实判断上的错误：当竞赛管理委员会裁决有明显错误判决时，例如击打力度、严重的行为或动作意图、行为区域或宣告的时间等，裁决不会进行更改，判决错误的裁判则应受到处分。

二十二、听障跆拳道竞赛

本条例概述了对听障跆拳道竞赛规则的修改。对于本条未涵盖的事项，将适用 WT 竞赛规则。

1　运动员资格：

参赛运动员必须已通过《世界残障跆拳道和听障跆拳道分类法则》的程序分类，并已被列为具有竞技等级的状态。

2　体重分类：奥运会体重分类适用于听障跆拳道比赛。

3　世界听障跆拳道锦标赛将根据世界听障跆拳道锦标赛的最新操作程序主办。

二十三、制裁

1　当教练、参赛运动员、官员和/或国家会员协会的任何成员有不当行为时，WT 主席、秘书长或技术代表可要求召集现场特别制裁委员会进行审议。

2　特别制裁委员会应审议此事，并可传唤有关人员确认事件。

3　特别制裁委员会应审议此事，并确定应采取的纪律行动。审议结果应立即向公众宣布，并以书面形式连同相关事实和理由，报告给 WT 主席和秘书长。

3.1　运动员潜在违规行为：

3.1.1　拒不服从主裁的指令完成比赛结束流程，包括不参加获胜者宣布仪式。

3.1.2　为表示对判定结果的不满而投掷物品（头盔、手套等）。

3.1.3　比赛结束后不离开比赛区域。

3.1.4　在裁判的一再命令下不回到比赛中。

3.1.5　不遵守竞赛官员管理官员关于有序管理活动的合理指示。

3.1.6　不遵守竞赛管理官员关于有序管理活动的合理指示。

3.1.7　篡改 PSS 的计分器、传感器或任何部分。

3.1.8　比赛中任何严重违反体育道德行为或对竞赛官员的过激行为。

3.2　教练、领队或其他 MNA 会员的潜在违规行为：

3.2.1　在一局比赛中或之后对官员的裁决提出申诉或提出异议。

3.2.2 与裁判或其他官员（们）争执。

3.2.3 比赛中对官员、对方或观众的过激言行。

3.2.4 煽动观众或散布谣言。

3.2.5 指示运动员参与不当行为，如赛后留在比赛区域。

3.2.6 投掷或踢打私人物品或竞赛材料等暴力行为。

3.2.7 不按照竞赛官员的指示离开比赛场地或场馆。

3.2.8 任何对竞赛管理官员的其他严重不当行为。

3.2.9 任何贿赂竞争事务官员的企图。

4 纪律处分：特别制裁委员会发布的纪律处分可根据违规程度而有所不同。可给予以下裁决：

4.1 取消运动员资格。

4.2 警告并下令正式道歉。

4.3 撤销认证。

4.4 禁止进入比赛场地。

（1）当日禁赛。

（2）赛事期间禁赛。

4.5 取消比赛结果。

（1）取消比赛结果和所有相关积分。

（2）取消 WT 积分排名。

4.6 禁止运动员、教练员和/或队伍关于参加所有 WT 赛事活动（包括 CU 和 MNA 级别的赛事）。

（1）禁赛 6 个月。

（2）禁赛 1 年。

（3）禁赛 2 年。

（4）禁赛 3 年。

（5）禁赛 4 年。

4.7 禁止 MNA 参加 WT 主办或认可的赛事。

（1）指定锦标赛。

（2）规定时间内（最多 4 年）的所有锦标赛。

4.8 每次违规缴纳罚款。

5 特别制裁委员会可向 WT 建议对涉世人员采取额外纪律行动，包括但不限于长期停职、终身禁赛或额外罚款。

6 根据《WT 争端解决和纪律处分章程》第 6 条，特别制裁委员会可采取纪律处分。

二十四、本规则未明文规定的情况

1 出现本规则未明文规定的情况，应按以下办法处理

1.1 与比赛相关的事宜，根据该场比赛临场裁判员的一致意见决定。

1.2 与整个赛事具体比赛无关的事项，如技术事项、比赛事项等，由技术代表决定。

第二节　跆拳道运动品势竞赛规则及解释

一、品势竞赛场地

举办竞赛大会时，比赛场有 2 000 席以上、3 个场地时，地面面积至少为 30 米×50 米，技术手册中应为观众和选手配备视听觉设备。地面到屋顶的高度至少达到 10 米，照明强度为 1 500 勒克斯至 1 800 勒克斯，从屋顶往下照射。本联盟主办大会时，比赛场内所有准备需要获得技术代表的最终同意，且在大会开始 2 天前结束。比赛区域安排在比赛场内部，大小为 10 米×10 米（自由品势团体为 12 米×12 米）的正方形，水平且无障碍物，地面为有弹性的垫子或木地板。但根据需要，比赛场可以设置高度为 0.5 米~0.6 米的比赛台，考虑到安全性，应呈现 30°以内的倾斜角。

1　比赛区的划分。

1.1　10 米×10 米的区域称为比赛区；

1.2　比赛区的外缘线称为警戒线；

1.3　不设比赛台时，比赛区四周外缘布置 5 厘米的白线。

2　位置。

2.1　裁判员位置。

7 裁制时，裁判员的位置为运动员正前方 4 名，正后方 3 名，场地与裁判席距离为 1 m，裁判席间距为 1 米。警戒线的顺序是从 1 号警戒线开始顺时针方向依次为第 2、第 3、第 4 号警戒线。裁判员席的顺序是从 1 号警戒线左侧起顺时针方向依次排座。

5 裁制时，3 名裁判员在运动员位置的正前方，2 名裁判员在正后方，或 5 名裁判员都位于运动员位置的正前方。5 裁制时裁判员顺序与 7 裁制相同。

2.2　主裁判员位置：1 号警戒线右侧第一位（R）；

2.3　运动员位置：在比赛场地中央向 3 号警戒线方向 2 米处；

2.4　记录员席：主裁判员（R）右侧 3 米处；

2.5　执行官位置：1 号警戒线与 2 号警戒线夹角，向 2 号警戒线外侧移动 1 米处；

2.6　教练员位置：2 号警戒线与 3 号警戒线夹角，向场地外移动 3 米处；

2.7　检查台位置：在赛场入口处设置检查台。

Rec—记录员（Recorder）

J—边裁判员 1，2，3，4，5，6（Judge No. 1，2，3，4，5，6）

C1—比赛场地（Competition Area）

C2—运动员位置（Contestants）

C3—运动员及教练员等待区　Standby contestants and coach

C4—执行官位置（Competition coordinator）

1，2，3，4—警戒线（Boundary Line No. 1，2，3，4）；

A，B，C，D—安全区域（Safty zone）。

（说明-1）：

技术代表根据比赛状况或条件设定裁判员人数和位置，并在赛前把以上条件添加到秩序册。

（说明-2）

检查台：检查人员检查运动员采用的道服是否符合要求及合体，是否携带与比赛无关的物品。

不符合要求时需更换。检查台的检查员检查参加选手的道服是否是规定道服、是否合身或是否穿戴（或带有）不必要的东西。如果发现问题则应让选手重新穿戴。

（解释-1）

比赛垫子为世跆联公认跆拳道比赛垫子且垫子颜色的反色光不能太刺眼，不能给现场观众带来视觉疲劳，包括比赛道服在内的比赛区域内所有颜色应考虑合适的配色。

（解释-2）

设置比赛台时应考虑到裁判席，需要选择大于比赛台的场馆。

二、运动员参赛资格

1 运动员参赛资格。
1.1 拥有所代表参赛国国籍；
1.2 参赛国协会推荐的运动员；
1.3 持有世跆联或国技院颁发的品、段位证书；
1.4 持有世跆联国际运动员注册证；
1.5 少年组（12岁~14岁）；
1.6 青少年组（15岁~17岁）；
1.7 29岁以下组（18岁~29岁）；
1.8 39岁以下组（30岁~39岁）；
1.9 49岁以下组（40岁~49岁）；
1.10 59岁以下组（50岁~59岁）；
1.11 65岁以下组（60岁~65岁）；
1.12 65岁以上组。
2 服装。
2.1 世跆联主办的品势比赛，须穿着世跆联公认道服。
3 违禁药品相关事项。
3.1 世跆联主办或认可的比赛，禁止使用或服用被世跆联违禁的药品；
3.2 世跆联认为需要时将进行药检，以确认运动员是否违反规定，任何拒绝药检或药检结果违规者，将取消其比赛成绩，并将比赛成绩顺序递补给其后的运动员，同时根据有关规定对该名运动员进行处罚；
3.3 组委会有义务保障药检工作；
3.4 关于违禁药物的其他规定由世跆联制定，违禁药品是根据本联盟服用药品规定所制定。

（说明）

计算符合参赛选手年龄段时，以开赛年为标准。

例如：2016年7月29日开赛，少年组（12岁~14岁）的符合年龄段选手为2002年1月1日—2004年12月31日之间的出生者。

三、比赛类别

年龄、性别符合规定时可兼报项目参加比赛。

1 公认品势项目（Recognized Poomsae Competition）。
1.1 男子个人赛（Men's Individual）。
1.2 女子个人赛（Women's Individual）。
1.3 男子团体赛（Men's Team）。
1.4 女子团体赛（Women's Team）。
1.5 混双比赛（Pair）。
2 自创品势项目（Free Style Poomsae Competition）。
2.1 男子个人赛（Men's Individual）。
2.2 女子个人赛（Women's Individual）。
2.3 混双比赛（Pair）。
2.4 团体赛（由3名男运动员与2名女运动员以上所组成的5人团体）。
Mixed Team（Composition of 5 members including more than 3 males and 2 females）。

（解释）
自创品势团体比赛时，可以带1名替补选手。

四、比赛组别（见表4.6）

表4.6 比赛组别

			少年组	青年组	29岁以下组	39岁以下组	49岁以下组	59岁以下组	65岁以下组	65岁以上组
规定品势		组别	少年组	青年组	29岁以下组	39岁以下组	49岁以下组	59岁以下组	65岁以下组	65岁以上组
		年龄	12~14岁	15~17岁	18~29岁	30~39岁	40~49岁	50~59岁	60~65岁	65岁以上
	个人	男	1人	1人	1人	1人	1人	1人	1人	1人
		女	1人	1人	1人	1人	1人	1人	1人	1人
		组别	少年组	青年组	29岁以下组	29岁以上组				
		年龄	12~14岁	15~17岁	18~29岁	29岁及以上				
	混双		2人	2人	2人	2人				
	团体	男	3人	3人	3人	3人	3人			
		女	3人	3人	3人	3人	3人			
自创品势		组别	青少年组		17岁以上组					
		年龄	12~17岁		17岁以上					
	个人	男	1人		1人					
		女	1人		1人					
	混双		2人		2人					
	团体		5+1（候补）		5+1（候补）					

五、比赛方式

1 对于国际品势大会，本联盟只承认参加国超过4个、参加各种类4人团体以上的情况。
2 比赛的方式按如下区分。比赛方式由技术代表决定，事先在大会大纲中明示。

2.1 淘汰赛制（Elimination tournaments system）。
2.2 循环赛制（Round robin system）。
2.3 积分赛制（Cut off System）。
2.4 混合方式：积分赛制+淘汰赛制（Combination System：Cut off system + Elimination tournaments system）。
3 技术代表将各个部门指定品势中的2个品势在预赛、正赛和决赛中示演。

（解释-1）
积分赛制由预赛、正赛和决赛组成。
积分预赛：如果有20～39名选手参加，则从预赛开始进行，2个组在另外的场地示演。如果选手超过40名，从预赛开始进行，3个组在另外的场地示演（限于3个场地可用的情况；如果没有3个场地，2个组在另外的场地示演）。选手示演2种指定品势，参赛选手按照场地类别，名次在50%以上的选手按分数顺序进入正赛。如果每组参加选手数为单数，则四舍五入。例：如果一组为13人，则看作14名，7名进入正赛。在预赛中，可按场地安排不同的裁判。
积分正赛：如果参赛选手人数为9名至19名，则从正赛开始进行，按年龄示演另行指定品势中的2个，按照分数高低，8名进入决赛。
积分决赛：如果参加选手少于8名，则从决赛开始进行，在不同年龄级别
指定的品势中示演2个。按分数的高低决定第1，2，3，4名（2名/2双人/2团体）。第3名和第4名颁发铜牌。

（解释-2）
如果是锦标赛，用抽签的方法来决定比赛对手。

六、各组别比赛内容（见表4.7）

表4.7 各组别比赛内容

竞赛名称	组别	指 定 品 势
个人	少年组	太极4章、5章、6章、7章、8章、高丽、金刚
	青年组	太极4章、5章、6章、7章、8章、高丽、金刚、太白
	29岁以下	太极6章、7章、8章、高丽、金刚、太白、平原、十进
	39岁以下	
	49岁以下	太极8章、高丽、金刚、太白、平原、十进、地跆、天拳
	59岁以下	高丽、金刚、太白、平原、十进、地跆、天拳、汉水
	59岁以上	
混双	青少年组	太极4章、5章、6章、7章、8章、高丽、金刚、太白
	29岁以下	太极6章、7章、8章、高丽、金刚、太白、平原、十进
	29岁以上	太极8章、高丽、金刚、太白、平原、十进、地跆、天拳
团体	青少年组	太极4章、5章、6章、7章、8章、高丽、金刚、太白
	29岁以下	太极6章、7章、8章、高丽、金刚、太白、平原、十进
	29岁以上	太极8章、高丽、金刚、太白、平原、十进、地跆、天拳

七、自创品势

1 自创品势：是指以跆拳道基本动作为基础，经过编排与音乐搭配演练的品势。
2 自创品势的构成：
（1）演武线（品势路线）：由参赛运动员自由创作；
（2）品数（每套动作）：20~24品（1品需5个动作以内）；
（3）技术：腿法技术60%、手法技术40%，由跆拳道基本攻防自由技术组成；
（4）音乐及编排：由参赛运动员自编；
（5）跆拳道技术是指参赛运动员在赛前提交品势计划书（比赛内容）时品势委员会认可的跆拳道技术，运动员不得使用非跆拳道技术，否则将视为扣分事项。

八、抽签

1 抽签环节要在世跆联官员及相关人员的组织下，在比赛开始前一天由各参赛队领队参加的技术代表会议上进行。
2 没有参加抽签仪式的参赛队由当次赛事技术代表代替抽签，且参赛队必须完全接受抽签结果。
3 当次赛事技术官员与世跆联官员共同协商决定技术会议及抽签的一切相关事项。
4 混合赛制是在 Cut off 赛制结束后由世跆联官员、当次赛事技术代表及参赛国代表在比赛场馆内进行淘汰赛抽签。
5 抽签方式由当次赛事技术代表制定。
6 各组别的品势比赛内容在抽签时由当次赛事技术代表与世跆联官员共同协商制定。

九、犯规行为与处罚

1 犯规行为由场内主裁判员进行判罚。
2 判罚为"扣分（Gam-jeom）"。
3 以下行为将视为扣分事项：
3.1 运动员或教练员有不良言行的行为；
3.2 运动员或教练员严重违反体育道德的行为；
3.3 运动员或教练员打断比赛进程的行为；
3.4 若运动员在一场比赛中连续2次扣分，将被视为犯规败。

（解释）
扣分事项不属于品势演练中准确度与表现力的扣分范畴，而是指运动员或教练员严重违反体育道德的行为。

十、比赛场地与时间规定

1 各项目比赛场地与时间
1.1 公认品势：个人、混双、团体比赛场地为10米×10米，规定时间为30秒~90秒以内。

1.2 自创品势：个人、混双比赛场地 10 米×10 米，团体（男女至少各两人）比赛场地 12 米×12 米，规定时间为 60 秒~70 秒以内，不足或超过的，每 5 秒扣 0.1 分。

1.3 两套品势之间休息时间为 30 秒~60 秒。

（解释）
运动员休息时间是从执行官进行退场口令后开始计算。

十一、比赛程序规定

1 运动员检录：

比赛开始前 30 分钟，检录处开始检录，宣告该场参赛运动员名字 3 次，运动员须在规定时间内持有效证件到检录区进行身份确认，等候赛前检查。如比赛场地执行官发出"选手入场"口令后运动员仍未到场，则视为弃权。

2 身体及服装检查：

检录完毕的运动员到规定的检查员处进行身体及道服检查。运动员不得携带任何给观众或对方运动员造成伤害的物品。

3 运动员入场：

检查完的运动员与一名教练员到等待席准备比赛。

4 比赛的开始与结束：

4.1 执行官发出"选手入场（Shensu-yipzhang）""立正（Cha-ryeot）""敬礼（Kyeong-rye）""品势准备（Poomsae-zhunbi）""开始（Shi-jak）"口令后运动员开始演练品势；

4.2 执行官发出"还原（Ba-ro）""立正（Cha-ryeot）""敬礼（Kyeong-rye）"口令后运动员等待"公布分数（Zhemsu-pyocul）"；

4.3 根据宣布的分数宣判胜者；

4.4 执行官发出"选手退场（Shensu-tuezhang）"口令后比赛结束。

5 比赛步骤：

5.1 选手等待：通过检查台检查后，运动员方可在比赛等待区等候；

5.2 等待：运动员在工作人员引导下在等待区等待；

5.3 开赛：执行官发出"选手入场（Shensu-yipzhang）"口令后运动员方可入场；

5.4 入场：Cut off 赛制时执行官发出"立正（Cha-ryeot）"、"敬礼（Kyeong-rye）"口令后运动员敬礼；单败淘汰赛的个人比赛时，双方选手同时入场，同时演练品势，混双、团体或混合团体时青红方同时入场后红方运动员下场，青方运动员为先演练品势；

5.5 比赛开始：执行官发出"准备（Joon-bi）""开始（Shi-jak）"口令后，运动员开始演练品势。

6 比赛结束：

（1）采用 Cut off 赛制时品势演练结束，执行官发出"还原（Ba-ro）"口令后运动员还原等待；

（2）采用单败淘汰赛时比赛结束后双方运动员一起上场等待。

7 判分：

（1）采用电子打分器时裁判员输入最终分数；

（2）采用打分表时裁判员分数确认最终分数后填表。
8 公布分数：
（1）采用电子打分器时，裁判员输入的分数将自动显示在电子显示屏幕；
（2）采用打分表时，裁判员在品势比赛结束后将打分表送交记录员，并公布分数。
9 选手退场：执行官发出"立正（Cha-ryeot）""敬礼（Kyeong-rye）""选手退场（Shensu-tuezhang）"口令后运动员行礼并退出比赛场地。

十二、评分标准

评分标准是遵循世界跆拳道联盟制定的标准。
1 公认品势（分值10.0分）。
1.1 准确度（4.0分）。
（1）基本动作的正确性。
（2）各品势动作的准确性。
（3）均衡。
1.2 表现力（6.0分）。
（1）速度与力量（2.0分）。
（2）刚柔、缓急、节奏（2.0分）。
（3）"气"的表现（2.0分）。

十三、评分方法

1 公认品势。
1.1 总分10.0分。
1.2 正确性。
1.2.1 基本分值4.0分。
1.2.2 对于（出现）基本动作与品势动作的细小失误每一次扣0.1分，0.1扣分动作有：
（1）做动作出现细小失误和碎步时，如：身体与步法不协调，手脚；
（2）不同步等；
（3）使用部位表现不足时，如：拳或手刀动作出现腕关节弯曲，手刀动作出现手指张开，踢腿动作中脚掌脚刀表现不足等；
（4）掌肘对击等击打动作出现脱手时；
（5）步法表现不足；
（6）过度夸张的预备动作；
（7）做动作过程中出现轻微的动作晃动时；
（8）同一动作出现上下多项扣分的累计扣分。
1.2.3 对于（出现）基本动作与该品势动作的重大失误每一次扣0.3分，0.3扣分动作有：
（1）出现规定品势动作中没有的动作时；
（2）忘记动作时；
（3）比赛中动作停顿2秒以上时；

（4）比赛中停止后重新开始动作时；
（5）比赛中双脚同时出界；
（6）忘记发声或不该发声时发声时；
（7）明确被认为是重大失误时；
（8）比赛过程中忘记一组动作时，按照忘记动作数量×0.3分；
（9）视线不与动作进行方向同步时；
（10）起始点与结束点差一脚以外时；
（11）在跺脚动作中力度不够或者没有声音时，没有跺脚的动作跺脚时；
（12）过大的呼吸声；
（13）重新开始。

1.3 表现力。
1.3.1 基本分值 6.0 分。
1.3.2 表现力的判分标准是按照打分表判分，根据运动员失误的动作次数来判定。
（1）速度与力量 2.0 分。
（2）刚柔缓急节奏 2.0 分。
（3）气的表现 2.0 分。

规定裁判评分表如图 4.1 所示。

规定裁判评分表

组别：　　　　　　　　　　　场次：

类别	内容	分　数															得分
准确度 4.0分	基本动作																
	品势动作																
	均衡																
表现力 6.0分	速度与力量	2.0	1.9	1.8	1.7	1.6	1.5	1.4	1.3	1.2	1.1	1.0	0.9	0.8	0.7	0.6	0.5	
	刚柔缓急节奏	2.0	1.9	1.8	1.7	1.6	1.5	1.4	1.3	1.2	1.1	1.0	0.9	0.8	0.7	0.6	0.5	
	气的表现	2.0	1.9	1.8	1.7	1.6	1.5	1.4	1.3	1.2	1.1	1.0	0.9	0.8	0.7	0.6	0.5	
总　分（10.0）																		

裁判编号：　　　　　　　　　　　裁判员（签字）：

图 4.1 规定裁判评分表

2 自创品势（10.0 分）。
2.1 技术性（6.0 分）。
2.1.1 腿法的难度。
2.1.2 动作的正确性。

2.1.3 品势的完成度。
2.2 表现力（4.0分）。
2.2.1 自创性。
2.2.2 综合性。
（1）体型：全体运动员身材比例。
（2）整齐度：运动员团体演练的整齐度。
（3）场地的利用率：充分利用比赛场地。
（4）动作与音乐的配合：动作与音乐节奏的配合。
2.2.3 气的表现。
2.2.4 音乐与动作编排。
2.3 对于腿法难度技术的种类标准，每年由世界跆拳道联盟（WTF）品势委员会制。
2.4 评分标准。
2.4.1 技术性（6.0分）。
2.4.1.1 演练品势完成度（分值为5.0分）。
（1）腿法技术难度（5.0分）。
a. 侧踢腾空高度：一般（躯干）0.2/0.3分，好（面部）0.4/0.5分，非常好（头部以上）0.6/0.7分，完美0.8/0.9分。
b. 腾空前踢的数量：是指在空中踢腿数量多与少为评分标准；3次0.1/0.3分，4次0.4/0.6分，5次0.7/0.9分。
c. 旋转度数：是指在空中踢腿时旋转的度数；360° 0.1/0.3分，540° 0.4/0.6分，720° 0.7/0.9分。
d. 竞技腿法次数：限次数为3~5次；有3~5次腿法0.1/0.3分，一般0.4/0.6分，好0.7/0.9分。步法6次扣0.1分，7次扣0.2分，多于8次扣0.3分。
e. 空翻动作（多方向）：是指与体操与武术比赛中相类似的所有空翻动作，评分标准为难度、高度、角度，空中必须有踢腿动作；一次0.1/0.3分，两次0.3/0.6分，三次以上0.7/0.9分。重新开始扣除0.3分。
（2）腿法技术的完成度（1.0分）。
一般0.2/0.3分，好0.4/0.5分，非常好0.6/0.7分，完美0.8/0.9分。
2.4.2 表现力（4.0分）。
2.4.2.1 自创性（1.0分）：是指整体品势的独特性和组成元素多样性为评分标准；
2.4.2.2 综合性（1.0分）：是指除了整体品势之外，以音乐编辑、创新性、动作编排和着装等作为评分标准（通过整体所表现的动作及形式须整齐划一）；
2.4.2.3 气的表现（1.0分）：判分标准与公认品势判分相同；
2.4.2.4 音乐与动作编排（1.0分）：根据整体品势动作编排与音乐的完美结合为评分标准。
2.4.3 比赛中扣分事项。
（1）比赛时间不足或超出比赛时间，每5秒扣0.1分；
（2）双脚同时越出边界线扣0.3分；
（3）规定必须有三种步法：虎步、三七步、鹤立步，每少一种规定步法扣0.3分；

（4）助跑和腾空前踢少于 3 次扣 0.1 分，助跑超过 5 步扣 0.3 分；

（5）出现明显停顿扣 0.3 分，音乐和动作没有同步停止扣 0.3 分；

（6）竞技腿法前必须要有 3~5 次竞技步法，少于 3 次扣 0.1 分，少于 2 次扣 0.2 分，多于 5 次扣 0.1 分，多于 7 次扣 0.2 分，8 次以上扣 0.3 分；

（7）特技动作空翻没有踢腿动作时，该项为 0 分。

（8）音乐与动作没有同步停止扣 0.3 分。

自创品势裁判表如图 4.2 所示。

自创品势裁判表

虎步	yes	no
三七步	yes	no
鹤立步	yes	no

项目	各项目细节标准		分 值										得分
技术性 6.0分	腿法难度 5.0分	腾空的高度	0.0	0.1	0.2	0.3	0.4	0.5	0.6	0.7	0.8	0.9	1.0	
		腾空踢腿的数量	0.0	0.1	0.2	0.3	0.4	0.5	0.6	0.7	0.8	0.9	1.0	
		旋转度数	0.0	0.1	0.2	0.3	0.4	0.5	0.6	0.7	0.8	0.9	1.0	
		连续腿法难度	0.0	0.1	0.2	0.3	0.4	0.5	0.6	0.7	0.8	0.9	1.0	
		空翻动作	0.0	0.1	0.2	0.3	0.4	0.5	0.6	0.7	0.8	0.9	1.0	
	演练品势的完成度和动作准确性（1.0分）		0.0	0.1	0.2	0.3	0.4	0.5	0.6	0.7	0.8	0.9	1.0	
表现力 4.0分	自创性		0.0	0.1	0.2	0.3	0.4	0.5	0.6	0.7	0.8	0.9	1.0	
	整体性		0.0	0.1	0.2	0.3	0.4	0.5	0.6	0.7	0.8	0.9	1.0	
	气的表现		0.0	0.1	0.2	0.3	0.4	0.5	0.6	0.7	0.8	0.9	1.0	
	音乐与动作编排		0.0	0.1	0.2	0.3	0.4	0.5	0.6	0.7	0.8	0.9	1.0	
各项目总分														
处罚与扣分														
总 分														

裁判姓名：　　　　　　　　　　　　裁判国籍：

图 4.2　自创品势裁判表

3　评分方法。

3.1　正确性（公认品势）和技术性（自创品势）与表现力分别打分；

3.2　正确性（公认品势）和技术性（自创品势）的计分方法是采用去掉最高分与最低分，取所有中间分数的平均分。同样，表现力的计分方法也是采取去掉最高分和最低分数，取中间分数的平均分。

3.3　在比赛中的扣分事项是从总分中扣除。

3.4　在一个品势动作中出现两个扣分事项，若同时出现扣分事项、格挡动作扣分事项 0.1 分、站势动作扣分事项 0.3 时，扣较大的分值。

4　裁判员组成。

4.1　7 裁制：1 名主裁判员，6 名裁判员；

4.2　5 裁制：1 名主裁判员，4 名裁判员。

5 裁判员分配。

5.1 根据对阵表分配裁判员；

5.2 比赛运动员与同国籍裁判员在同一场次时裁判员必须遵循回避制度，若在裁判员人数不够的情况下，除主裁判员外其余的裁判员需遵循回避制度。

（解释-1）

基本动作与品势动作的细小失误扣分指的是：站势（弓步、三七步、虎步等所有的站势）和手部动作（格挡、击、打、刺等所有手臂的动作）出现国技院教材以外的细小动作错误时，扣 0.1 分。

（解释-2）

出现国技院教材未有的动作及正确性重大错误时每一次扣 0.3 分，指的是：

（1）下格挡做成直拳或上格挡；

（2）马步做成三七步；

（3）该发声的部分没有发声；

（4）失去记忆停顿 3 秒以上；

（5）视线不向进行方向；

（6）鹤立步支撑的脚左右晃动或辅助提膝的脚落地等。

（解释-3）

均衡：

（1）步法——前后、左右大小一致；

（2）手臂动作——高低角度大小一致；

（3）腿法——高度、力度一致；

（4）重心——移动、站立稳定，左右平衡；

（5）混双、团体——选手之间的间距从始至终要平衡；

（6）动作大小、刚柔缓急、节奏、力的表现要一致；

（7）手臂和脚的动作要一致；

（8）通过自己的身材比例做出合适的动作大小，达到应有的均衡。

（解释-4）

速度与力量 2.0 分：

速度与力量认定是确认运动员对品势内容的熟练程度与攻击的技术（直拳、踢腿等动作是否充分完成）的重要内容。开始动作是否柔和、舒展，是否利用身体的均衡发力达到极限速度与力量，确认对于特殊缓慢的动作故意放慢或者过快。

好的发力习惯才能表现好的力量，好的发力是从放松开始，加速并在瞬间肌肉发出最大力量结束；所有力量源于脚下，行于腰，止于终端（手和脚），全身的力量协调同步发力决定力量的表现。

（1）例如，起始动作（手的动作或腿法）过于紧张的发力或结束的动作无力时将被判定扣分；

（2）例如，对于过分的表现速度与力量而导致的身体僵硬将被判定扣分。

（解释-5）

刚柔缓急节奏 2.0 分：

（1）刚柔：通过柔和、舒展的开始到结束时快速进行的动作（柔到刚的过程）；

（2）缓急：是动作的过程，根据动作的特征，通过调整呼吸进行快与慢，动作之间的连贯不能有断点和停顿；

（3）节奏：是根据规则制定的、动作与动作衔接部分适当调整速度，连接动作打出快与慢，但是必须表现品势动作的攻防含义。

① 例如，起始动作僵硬，演练品势过程中路线缺乏缓急和动作机械化将被判定扣分；

② 例如，身体僵硬状态表现，开始动作快、结束动作缓慢进行时将被判定扣分。

（解释-6）

气的表现 2.0 分。

（1）根据各品势特征做出舒展（动作大小）的动作，要注意专注度、气势、自信心、动作干净利落，达到熟练的表现；

（2）根据运动员的体型特征做出的动作，要注意视线、气喝（发声）、态度、服装等表现。

例如，比赛时做出实际形容的动作，对于舒展（动作大小）、专注度、气势、发声、自信心等没有完全表现时将被判定扣分。

（解释-7）

在做自创品势指定动作时以下五个指定动作顺序不能颠倒：

（1）腾空侧踢：混双和团体赛必须所有运动员同时完成该动作；

（2）腾空多次前踢：混双和团体赛全队至少一人完成该动作；

（3）旋转腿法：混双和团体赛全队至少一人完成该动作；

（4）竞技腿法组合踢：3～5 个腿法，混双和团体赛全队至少一人完成该动作；

（5）特技动作：空翻动作必须有踢腿动作，混双和团体赛全队至少一人完成该动作。

（说明）

音乐的编排也是评分标准之一，无音乐者直接取消参赛资格。创作品势中不能包含与宗教、政治、社会相关的内容。

十四、申 诉

1 竞赛监督机构。

各类跆拳道竞赛可根据需要设立竞赛监督机构（竞赛监督委员会或仲裁委员会），其组织结构需赛前组成，具体方法如下：

1.1 资格：竞赛监督委员会的执行委员必须是具备跆拳道竞赛工作经验且拥有丰富裁判阅历的资深人士，同时具有世跆联或国技院 6 段段位以上者，由世跆联总裁及竞赛管理委员会秘书长推荐者组成，一名技术代表负责当年年度赛事。

1.2 组成：一名主任、七名以内委员以及当次比赛技术代表。

1.3 程序：竞赛管理委员会秘书长推荐主任以及委员，由世跆联总裁任命。

2 职责。

由竞赛监督委员会受理申诉并宣告判定结果，将处罚结果上报到世跆联秘书长处，同时兼任比赛现场的处罚管理部门工作。

3 申诉程序。

3.1 如对裁判员判罚有异议时，可在比赛结束 10 分钟以内提交申诉申请书，并交付申诉费，竞赛监督委员会在 30 分钟内完成申诉结果的回告；

3.2 竞赛监督委员会审议申诉时，当事国委员不得参加审议；

3.3 竞赛监督委员会认为需要时，可以向参与当次比赛执裁工作的裁判员提出质询；

3.4 竞赛监督委员会得出的最终结果，不得再次更改。

第五章

跆拳道运动的技术

第一节　跆拳道竞技比赛技术

一、实战姿势

跆拳道实战姿势是与对手比赛时的准备姿势，也称为实战式或预备式。

头面部正对对手，眼睛注视对手头部或肩部，并用余光观察对手全身。在比赛的任何时候，不论进攻和防守，都不要眨眼和闭眼。两肩放松，胸部自然内含，上半身斜对或侧对对手。双手呈半握拳状，两肘弯曲 90°左右。两脚前后分开站立，比肩略宽，站在与对手相连的一条假想直线的两侧，两脚尖倾斜约 30°，脚后跟抬起用前脚掌承担体重。注意身体重心要控制在两脚连线中间。两膝微屈，膝盖微内扣，保持弹动状态。

左脚在前的实战姿势称为左式，右脚在前的实战姿势称为右式。

二、实战站位姿势

站位是在实战或比赛时，与对手的一种对峙形式。站位包括开式站位和闭式站位两种。

1．开式站位

两个选手一个用左式，一个用右式，这样的站位形式称为开式站位。

2．闭式站位

两个对手一个用左式（右式），另一个也用左式（右式），这样的站位形式称为闭式站位。明确比赛中的站位，深入研究不同站位形式下的技术应用方法和规律，有助于运动员在比赛中更好地发挥自己的技战术。

3．不同站位形式常见攻击方法

（1）开式站位攻击法。

① 后腿横踢。

② 双飞。

③ 上步转身后踢。

④ 上步转身 360°横踢。

⑤ 后腿推踢。

⑥ 后腿下劈。

⑦ 换步横踢。

（2）闭式站位攻击法。

① 垫步前腿横踢。

② 垫步下劈。

③ 360°横踢。

④ 后踢。

⑤ 垫步推踢。

⑥ 双飞或多飞踢。

⑦ 换步横踢（下劈）。

⑧ 上步横踢。

⑨ 冲刺步横踢。

⑩ 前腿横踢+后腿横踢。

三、步　法

跆拳道步法是根据比赛对手的位置、运动状态情况，通过两腿及身体的协调配合，有目的移动身体位置的方法。虽然步法是一种非得分技术，但在跆拳道竞技比赛中却起着重要的作用。熟练掌握跆拳道步法是跆拳道运动员比赛取胜的基础。跆拳道步法有以下作用：

第一，抢占有利位置。通过步法移动，保持和获得合适的距离及角度，从而占有有利的位置，为实施进攻和反击创造条件。

第二，连接技术。跆拳道比赛中的进攻和反击大多数是在移动中完成的，灵活快速的步法移动，可以把各种技术连接起来，使技术得以充分发挥。

第三，维持身体平衡。只有做到身体的相对平衡，才能充分发挥各种技术的威力，在实战中占据主动。跆拳道竞技比赛的平衡是一种动态平衡，如果没有坚实正确的步法技术作基础，就难以获得这种实战平衡。

第四，防守对手的进攻。通过机智灵活的移动能使对手的攻击落空，达到防守的目的。

第五，干扰对手。进攻和反击往往要与步法配合灵活运用，因此，步法可以当作假动作来用，使对手对你的战术真假难辨，从而抓住更多的战机，提高技术使用的成功率。

跆拳道步法在实际应用中，有时使用单个步法，有时需要把两个或几个步法连接起来，形成组合步法。

下面介绍竞技跆拳道常用步法。

在实际练习时，每个步法既要从左式开始练习，也要从右式开始练习。练习时要仔细体会每个步法的要点，并认真练习逐渐提高步法的动作质量，最后达到熟练自如，从而打下扎实的步法基础。

1．前进步

（1）动作步骤。

以左式为例，双眼目视前方，两脚同时蹬地，使身体获得向前移动的动力，然后双脚带动身体迅速向前移动一小步（约一脚长距离），然后继续保持左式。

（2）动作要领。

移动过程中两脚的距离不变，步法完成后成实战姿势；双脚要尽量贴地而移动，重心要平稳。

（3）作用。

① 在与对手距离稍远时，可以用前进步接近对手，然后寻找机会实施攻击。

② 用前进步做假动作扰乱对手思路，然后寻找机会攻击对手。

2．后退步

（1）动作步骤。

以左式为例，双眼目视前方，两脚同时蹬地，使身体获得向后移动的动力，然后双脚带动身体迅速向后移动一小步（约一脚长距离），然后继续保持左式。

（2）动作要领。

参考前进步。

（3）作用。

① 当对手进攻时，可使用后退步向后移动，使对手进攻落空，然后进行快速反击。

② 判断不清对手进攻意图时，可用后退步法连续后退，使自己赢得时间和距离摸清对手的动向，从而做出准确判断。然后用恰当的方法进行反击或进攻。

3．前滑步

（1）动作步骤。

以左式开始为例，右腿蹬地发力，左脚向前滑进约一脚长距离，右腿迅速跟进相同的距离。

（2）动作要领。

在移动过程中，尽量减小身体重心的起伏。两脚的滑进与跟进要贴地而行，后脚跟进的距离与前脚前滑的距离一致。两脚移动必须连贯、迅速，滑动距离不宜过大。

（3）作用。

向前接近对手，寻机进攻。

4．后滑步

（1）动作步骤。

以从左式开始为例，左脚蹬地，右脚向后滑动约一脚长，随即左脚向后跟进约一脚长。

（2）动作要领。

参考前滑步。

（3）作用。

与对手拉开距离，寻机攻击。

5．上步

（1）动作步骤。

以左式为例，以前脚掌为轴，后脚蹬地经前脚内侧向前迈出一步，身体左转，成右式。

（2）动作要领。

上步时身体各部位要协调一致，步子大小适中，动作要轻松快速。动作过程中，重心要保持平稳，两眼注视目标。

（3）作用。

① 根据战术需要向前移动并变换实战姿势。

② 可利用上步接近对手。为攻击做准备。

6．撤步

（1）动作步骤。

以左式为例，以右脚的前脚掌为轴，左脚迅速蹬地经右腿内侧向后撤一步，带动身体向左转动180°，成右式。

（2）动作要领。

步法移动时重心要平稳，动作要迅速，左脚后撤和身体左转要协调一致；目视前方。

（3）作用。

① 根据战术需要变换实战姿势。

② 与对手拉开距离。

③ 为反击准备。

7．前垫步

（1）动作步骤。

以左式开始为例，身体重心向前移动，双脚蹬地发力，右脚向左脚靠拢，右脚落地的同时，左脚向前迈一步，成左式。

（2）动作要领。

身体上下协调配合，重心起伏不能过大，整个动作要迅速连贯。

（3）作用。

① 快速接近对手。

② 前脚不落地，可直接用推踢、横踢和下劈腿等腿法进攻对手。

8．后垫步

（1）动作步骤。

以左式开始为例，身体重心向后移动，两脚蹬地发力，左脚向右脚靠拢，左脚将要落地时，右脚向后迈出一步，成左式。

（2）动作要领。

两脚移动要轻巧、迅速。重心跟随移动，全身上下配合协调。尽量减小身体起伏，移动距离要适当。

（3）作用。

① 迅速向后移动。

② 为反击做准备。

9．带步

（1）动作步骤。

以从左式开始为例，前脚提起，身体重心前移，同时右腿蹬地跳起前移，然后两脚落地成左式。

（2）动作要领。

前腿提起同时，后脚要迅速蹬地向前移动，全身要协调配合。后脚不要跳起过高，整个动作要连贯协调，快速完成。

（3）作用。

① 调整距离，接近对手。

② 可以作为假动作使用。

③ 利用跳步结合腿法追击对手。

10．左侧移步

（1）动作步骤。

以左式为例，左脚向左横移约一脚距离，重心跟着左移，右脚向左横移一脚距离，迅速恢复成左式。

（2）动作要领。

身体重心的移动要和步法协调配合。两脚移动要迅速，贴地而行。

（3）作用。

① 闪开对手正面直线进攻。

② 改变与对手的对峙角度。

11．右移步

（1）动作步骤。

以从左式开始为例，身体重心右移，左脚蹬地，同时右脚向右侧横移约一脚，左脚迅速向右侧横移约一脚长，迅速恢复成左式。

（2）动作要领。

身体重心的移动和脚的移动必须协调配合。移动距离要适当，重心起伏不能过大，两脚的移动必须连贯迅速不能脱节。

（3）作用。

① 改变与对手的对峙角度。

② 闪开对手垂直方向的进攻。

12．冲刺（快步）

（1）动作步骤。

以左式为例，右脚迅速前移落地，紧接着左脚经右脚内侧向前迈出一步落地，成左式。

（2）动作要领。

整个动作要连贯迅速。启动要快速突然，上体自然协调配合，重心平稳，两眼注视目标。完成时控制好身体前冲的惯性，做到急起急停，轻快灵活。

（3）作用。

向前快速接近对手或追击对手。

13．换步

（1）动作步骤。

以左式开始为例，两脚蹬地脚后跟微离地面，同时身体左转约180°，两脚在空中前后交换落地，成右式。

（2）动作要领。

双脚同时蹬地，前后脚迅速交换。注意重心起伏不能过大。

（3）作用。

① 变换站位形式。

② 根据对手的习惯和战术需要变换实战姿势。

14．并步

（1）动作步骤。

以从左式为例，身体重心向前移动，右脚向前靠近左脚落地。或者身体重心后移，前脚收回与后脚靠近落地。

（2）动作要领。

两脚靠近要迅速，身体重心不要有起伏。

（3）作用。

① 闪开对手进攻（前脚向后并步）。

② 准备攻击对手。

15．弧形步

（1）动作步骤。

以从左式开始为例，以左脚前脚掌为轴，右脚向右后弧形移动，同时身体左转 90°，右脚落地成左式。

（2）动作要领。

左脚移动与身体要协调配合，上体沿纵轴转动。

（3）作用。

① 改变于对手的对峙角度。

② 闪开对手的进攻。

16．后转身步

（1）动作步骤。

以从左式开始为例，以左脚前脚掌为轴，身体以头部为先导向后转身180°，右腿迅速后摆，落地后成右式。

（2）动作要领。

全身协调配合，先转头带动身体沿纵轴转动，右腿迅速后摆落地，落地时两脚的距离要适当。

（3）作用。

① 出其不意的接近对手。

② 为进攻做准备。

17．前转身步

（1）动作步骤。

以从右式开始为例，以左脚前脚掌为轴，身体以头部为先导向左后转身180°，右腿迅速内扣迈出，落地后成左式。

（2）动作要领。

全身协调配合，右腿迅速内扣迈出落地，落地时两脚的距离要适当。头部迅速转回注视对手。

（3）作用。

① 闪开对手进攻。

② 为反击做准备。

四、得分技术

（一）拳　法

拳法是跆拳道攻击技法之一，适合在近距离使用。用于攻击对手躯干被护具遮盖的部位。拳法技术包括前手拳和后手拳。

拳法的作用：

（1）近距离攻击对手躯干得分部位。

（2）控制距离，为腿法攻击创造条件。

（3）重击对手，给对手造成心理压力。

1．前手拳

（1）动作步骤。

以从右式开始为例，后腿用力蹬地，重心前移，前脚向前迈出约一脚长距离，右手握拳由胸部高度迅速内旋向前冲击，力达拳面。

（2）攻防作用。

① 直接击打对手的躯干得分部位。

② 格挡防守的同时用拳法反击。

③ 控制距离，为腿法攻击打下基础。

（3）动作要领。

当拳面接近目标时，拳握紧，手腕伸直，并借助腰部的迅速转动，快速有力地击出。

（4）易犯错误。

① 出拳时身体紧张。

② 预动过大。

③ 没有充分利用蹬地和转腰的力量。

④ 接触目标时手腕放松。

⑤ 距离目标过远或过近，造成发力不充分或是攻击落空。

2．后手拳

（1）动作步骤。

以从左式开始为例，右手握拳，随着右脚蹬地，左脚向前移动约一脚长距离，腰部左转，右臂内旋向前击打，用拳的正面接触目标。

（2）攻防作用。

同前手拳。

（3）动作要领。

发力时蹬地，转腰送肩。

（4）易犯错误。

① 躯干转动角度小。

② 参考"前手拳易犯错误"。

（二）腿　法

跆拳道竞技腿法，是脱胎于原始的跆拳道品势技术与防卫格斗技术而形成的。在跆拳道众多的腿法技术中，既符合《跆拳道竞赛规则》，又在比赛中实用性强、得分率高的腿法被保留下来，还有许多腿法则失去了在跆拳道赛场存在的意义，逐渐远离赛场。

在几十年的现代跆拳道竞技中，从事跆拳道比赛的指导者（教练员）和实践者（运动员），通过不断总结、不断改进、不断创新，跆拳道竞技比赛的腿法技术逐渐趋于完善，在世界武技中独树一帜，为世人所瞩目。跆拳道被尊称为"踢的艺术"、"腿技之王"。

竞技跆拳道腿法包括：横踢、下劈、双飞踢、后踢、侧踢、推踢、后旋踢、勾踢、旋风踢、多飞踢、腾空腿法和组合腿法等。

1．单个腿法

1）横踢技术

横踢是跆拳道比赛中得分率较高的腿法之一，在比赛中应用十分广泛。横踢技术主要包括后腿横踢、前腿横踢和连续横踢等。

攻击目标：

① 踢击对手躯干。

② 踢击对手头部。

2）侧踢

侧踢是跆拳道常用的腿法之一，不仅可以直接攻击对手，还可以有效地堵击和迎击对手。

攻击目标：

① 踢击对手躯干得分点。

② 踢击对手头部得分点。

3）后踢

后踢是跆拳道的主要得分腿法之一。后踢技术主要包括原地后踢和腾空后踢。

（1）原地后踢。

攻击目标：

① 攻击对手躯干。

② 攻击对手头部。

（2）腾空后踢。

动作步骤：

以实战姿势开始为例，双脚同时腾空攻击且直线出腿，腰部自然旋转同时踢腿。

攻击目标：

反击对手躯干或头部。

4）下劈

下劈又称为劈腿。这个技术既可以用于进攻又可以用于反击，一般主要用来攻击对手头部。

攻击目标：

主要用于攻击对手的头部。

5）推踢

推踢是直线攻击的腿法。

（1）动作步骤。

以实战姿势开始为例，屈膝抬腿，用前脚掌推踢攻击目标。

（2）攻击目标。

攻击对手的躯干部位。

6）后旋踢

后旋踢是一种转身弧线攻击的腿法，动作难度较大，是重创对手的主要手段之一。后旋踢既可主动打击对手，又可反击对手。

攻击目标：

进攻对手头部。

7）双飞踢

双飞踢属于较高难度的踢法，在跆拳道比赛中有着广泛的应用，是重要的得分技术之一。

（1）动作步骤。

以右式开始为例，身体重心前移左腿向前横踢，左腿发力之后屈膝下落之时，右腿蹬地跳起在空中向前做右腿横踢，右腿发力后自然收回下落成右式。

（2）攻击目标。

① 两腿先后攻击对手躯干。

② 第一腿攻击对手躯干，第二腿击打对手头部。

（3）动作要领。

① 两个动作要协调连贯，不可停顿，两腿在空中迅速前后交换。

② 身体跳起不要过高，否则会影响动作速度。

③ 两臂在身体两侧与两个横踢协调配合。

④ 两眼始终注视目标。

⑤ 第一腿发力后迅速收回，另一腿快速踢出。

⑥ 转髋发力，用脚背击打目标。

⑦ 根据对手具体情况，变化攻击部位（头部或躯干），变化两腿的击打力度。

（4）易犯错误。

① 髋部不转动，不是用脚背正面击打目标。

② 肌肉过于紧张，动作不协调。

③ 发力前大小腿没有充分折叠，形成直腿的撩踢。

④ 两肩紧张，两臂不能协调配合。

⑤ 第二腿发力后不能快速收回，恢复实战姿势。

⑥ 动作幅度过大，身体后仰过大，身体失去平衡。

8）旋风踢

旋风踢即转身 360°横踢。

（1）动作步骤。

以右式开始为例，身体重心前移，以右脚前脚掌为轴，头向左后迅速转动，紧接着身体左转同时将左腿向身后摆动，当身体转向攻击目标时，左腿下落同时右腿蹬离地面提膝向目标横踢，左腿落地，右腿横踢发力后自然下落，恢复成右式。

（2）攻击目标。

① 攻击对手躯干。

② 攻击对手头部。

（3）动作要领。

① 旋风踢技术是由"转体"与"换踢"两个环节构成的。两个动作环节要顺畅连贯，中间不能停顿和分解。沿身体纵轴转体，可以保证快速转体和容易维持平衡。当身体面向目标时左右腿迅速在空中交换，左腿落地的同时右腿完成横踢。

② 转动时以前脚掌为轴，摆动腿向身后摆动，不要向侧摆。

③ 身体后转约 360°，转动要快速。

④ 转动时身体重心起伏不能过大。

⑤ 身体立直，不要前倾和后仰，要围绕身体纵轴转动。

⑥ 攻击的腿在发力前要充分折叠。

（4）易犯错误。

① 没有沿身体纵轴转动。

② 动时身体向前移动距离过大，使横踢动作变形。

③ 以跳动代替转动，减慢了动作速度。

④ 身体转动角度不够，横踢时髋部没有完全送出，不能充分发力。

⑤ 转体和踢腿出现停顿和分解没有顺畅连接

⑥ 头部转动不积极。

⑦ 摆动腿向侧后划弧转动，动作幅度过大。

2．组合腿法

两个或两个以上腿法连接在一起使用就构成了组合腿法。

例如：

（1）横踢+横踢。

（2）横踢+下劈。

（3）横踢+双飞。

（4）横踢+360°横踢。

（5）横踢+后踢。

（6）横踢+推踢。

（7）横踢+后旋踢。

（8）下劈+双飞。

（9）推踢+双飞。

（10）横踢+横踢+双飞。

（11）双飞+横踢+双飞。

（12）推踢+横踢+双飞。

（13）横踢+360横踢+后踢（后旋踢）。

第二节 跆拳道太极品势技术

一、太极一章（乾）

太极一章对应的是太极八卦图中的"乾"，具有天、父（阳）的含义，"乾"象征的是万物宇宙的根源，即太初之意，意味着初始和根源，因此是跆拳道品势当中的第一套品势，也可看作是跆拳道规定招式的根源，其特点是以站势和简单的走步为主，其中的基础动作包括上格挡、中内格挡、下格挡、直拳和前踢，是适用于跆拳道8级修炼者的品势内容。

（1）要点：左右变换走步或旋转时应以前脚掌为轴，上格挡、前踢、后直拳依次同步进行，弓步是以直线为路线进行移动。

（2）太极一章的进行路线最终形成"王"字，从起点开始，结束又回到起点，共计18个动作。

1．准备动作

如图5.1所示，向正前方，形成并排步，做准备姿势。

注意：拳和拳是一拳距离，拳和道带是一拳距离。脚尖向正前方脚内侧平行，双脚间隔是一脚长距离。

2．动作1

如图5.2所示，向左转身，左脚向左方向移步，同时带动身体向左方向旋转90°，形成左走步，同时做左下格挡。

3．动作2

如图5.3所示，方向不变做右脚上步，变为右走步，同时右手直拳。

注意：走步与直拳同步进行。

4．动作3

如图5.4所示，向右后转身，以左前脚掌为轴，右脚向后移步，带动身体向后旋转180°，形成右走步，同时右下格挡。

图5.1　　　图5.2　　　图5.3　　　图5.4

5．动作 4

如图 5.5 所示，方向不变，左脚上步，同时形成左走步左手直拳。

注意：走步与直拳同步进行。

6．动作 5

如图 5.6 所示，左脚向左前方向移步，还原到正前方，同时带动身体向左方向旋转 90°，形成左弓步，同时做左下格挡。

7．动作 6

如图 5.7 所示，步法不变，右手直拳。

8．动作 7

如图 5.8 所示，向右转身，右脚向前跟步，身体同时向右旋转 90°，形成右走步，同时，左中内格挡。

图 5.5　　　　图 5.6　　　　图 5.7　　　　图 5.8

9．动作 8

如图 5.9 所示，方向不变，左脚上步，同时形成左走步，右手直拳。

注意：走步与直拳同步进行。

10．动作 9

如图 5.10 所示，向左转身，左脚向后移步，带动身体向后旋转 180°，形成左走步，同时，右中内格挡。

11．动作 10

如图 5.11 所示，方向不变，右脚上步，同时形成右走步，左手直拳。

12．动作 11

如图 5.12 所示，右脚向右前方向移步，还原到正前方向，带动身体向右旋转 90°，同时形成右弓步，同时，右下格挡。

图 5.9　　　　图 5.10　　　　图 5.11　　　　图 5.12

13．动作 12

如图 5.13 所示，步法不变，左手直拳。

14．动作 13

如图 5.14 所示，向作转身，左脚向前跟步，身体同时向左旋转 90°。同时形成左走步，左上格挡。

15．动作 14

（1）动作 14-1。

如图 5.15（a）所示，向左方向，右脚前踢。

注意：双拳放到胸前。

（2）动作 14-2。

如图 5.15（b）所示，前踢的右脚向前落地，同时形成右走步，右手直拳。

注意：走步与直拳同时。

　　图 5.13　　　　　图 5.14　　　　（a）　　　（b）
　　　　　　　　　　　　　　　　　　图 5.15

16．动作 15

如图 5.16 所示，向右后方向转身，右脚向后移步，带动身体向后旋转 180°，同时形成右走步，右上格挡。

17．动作 16

（1）动作 16-1。

如图 5.17（a）所示，方向不变，左脚前踢。

注意：双拳放到胸前。

（2）动作 16-2。

如图 5.17（b）所示，方向不变前踢的左脚向前落地，同时形成左走步，左手直拳。

注意：走步与直拳同时。

18．动作 17

（1）动作 17-1。

如图 5.18（a）所示，左脚向右前方向移步，还原到起点方向。带动身体向右方向旋转 90°，形成左弓步，同时做左手下格挡。

（2）动作 17-2。

如图5.18（b）所示，侧面示范动作，左弓步，左手下格挡。

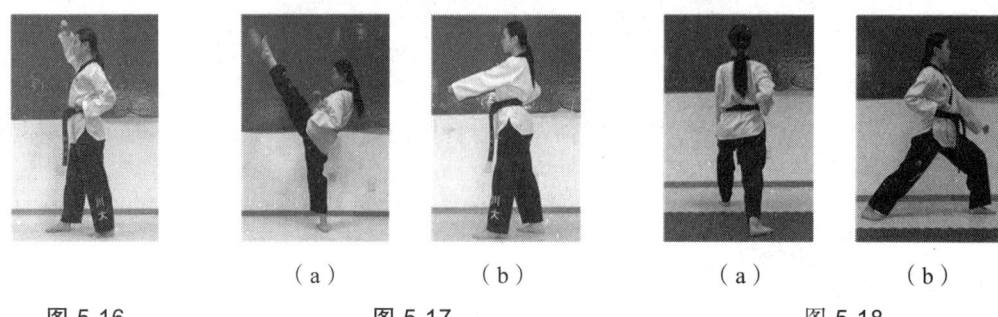

（a）　　　　　　（b）　　　　　　　　（a）　　　　　　（b）

图5.16　　　　　图5.17　　　　　　　　　　图5.18

19．动作18

（1）动作18-1。

如图5.19（a）所示，方向不变，右脚向前移动，形成右弓步，同时右手直拳并配合发声。

（2）动作18-2。

如图5.19（b）所示，侧面示范动作，右弓步，右手直拳。

20．还原

如图5.20所示，以右前脚掌为轴，带动身体向后旋转180°，左脚回收同时形成并排步做还原姿势。

注意：脚内侧平行，两脚间隔是一脚长距离。

（a）　　　　　　（b）

图5.19　　　　　　　　图5.20

二、太极二章（兑）

太极二章对应的是太极八卦图中的"兑"，具有外柔内刚的含义。修炼太极二章可以学习基本的挡和踢的动作。新的品势动作包括前踢和上位直拳。太极二章招式看似绵软，但其是以进一步锻炼身体协调性为目标，特别是对身体重心的起伏有严格的要求，可随时发生强烈的攻击，是适用于跆拳道7级修炼者的品势。

（1）要点：前踢与后上位直拳要同步进行，中内格挡左右各一次，旋转时以前脚掌为轴。

（2）太极二章的进行路线最终形成"王"字，从起点开始，结束又回到起点，共计18个动作。

1．准备

如图5.21所示，面向正前方，形成并排步，做准备姿势。

2．动作 1

如图 5.22 所示，向左方向，左脚向左移步，带动身体向左旋转 90°，形成左走步，同时，做左下格挡。

3．动作 2

如图 5.23 所示，方向不变，右脚上步，同时形成右弓步，并同步做右手直拳。

4．动作 3

如图 5.24 所示，右脚向右后移步，带动身体向右旋转 180°，形成右走步，同时，做右下格挡。

图 5.21　　　图 5.22　　　图 5.23　　　图 5.24

5．动作 4

如图 5.25 所示，方向不变，左脚上弓步，左手直拳。
注意：左弓步和直拳同步进行。

6．动作 5

如图 5.26 所示，左脚向左前方向移步，带动身体向左方向旋转 90°，形成左走步的同时做右中内格挡。

7．动作 6

如图 5.27 所示，右脚向前上步形成右走步，同时，做左中内格挡。
注意：移动时要注意重心的起伏不能过大。

8．动作 7

如图 5.28 所示，左脚向左方向移步，带动身体向左旋转 90°，左走步，同时，做左下格挡。

图 5.25　　　图 5.26　　　图 5.27　　　图 5.28

9．动作 8

（1）动作 8-1。

如图 5.29（a）所示，方向不变，右脚前踢。

（2）动作 8-2。

如图 5.29（b）所示，前踢的右腿向前落地形成右弓步，同时，右手上位直拳。
注意：上位直拳攻击的高度是人中。

10．动作 9

如图 5.30 所示，以左前脚掌为轴旋转，右脚向右后移步，带动身体向右旋转 180°形成右走步，同时，做右下格挡。

注意：走步和格挡要同步进行。

11．动作 10

（1）动作 10-1。

如图 5.31（a）所示，方向不变，左脚前踢。

（2）动作 10-2。

如图 5.31（a）所示，前踢的左脚向前落地形成左弓步，同时，做左手上位直拳。
注意：直拳攻击的高度是人中。

（a）　　　　（b）　　　　　　　　　　　　　　（a）　　　　（b）

图 5.29　　　　　　　图 5.30　　　　　　　图 5.31

12．动作 11

如图 5.32 所示，左脚向左前方移步，带动身体向正前方旋转 90°形成左走步，同时，做左上格挡。

13．动作 12

如图 5.33 所示，向正前方，右脚上步形成右走步，同时，做右上格挡。
注意：走步的宽度不能过大或过小。

14．动作 13

如图 5.34 所示，左脚向左后方向移步，带动身体向左方向旋转 270 度形成左走步的同时，做右中内格挡。

注意：旋转时支撑脚一次旋转并和格挡同步完成。

15．动作 14

如图 5.35 所示，右脚向右后移步，带动身体向右侧旋转 180°形成右走步，同时，做左中内格挡。

注意：移动时脚底不能有碎步，扣分事项：走步距离过大或过小。

图 5.32　　　　图 5.33　　　　图 5.34　　　　图 5.35

16．动作 15

（1）动作 15-1。

如图 5.36（a）所示，左脚向左侧移步，带动身体向左旋转 90°，还原到起点方向，形成左走步。同时，做左下格挡。

（2）动作 15-2。

如图 5.36（b）所示，侧面示范动作，左走步，左手下格挡。

17．动作 16

（1）动作 16-1。

如图 5.37（a）所示，方向不变，右脚前踢。

（2）动作 16-1 侧。

如图 5.37（b）所示，侧面示范动作，右脚前踢。

（3）动作 16-2。

如图 5.37（c）所示，前踢的右腿向前落地形成右走步，同时，做右手直拳。

（4）动作 16-2 侧。

如图 5.37（d）所示，侧面示范动作，右走步，右手直拳。

（a）　　（b）　　（a）　　（b）　　（c）　　（d）

图 5.36　　　　　　　　图 5.37

18．动作 17

（1）动作 17-1。

如图 5.38（a）所示，方向不变，左腿前踢。

（2）动作17-1侧。

如图5.38（b）所示，侧面示范动作，左腿前踢。

（3）动作17-2。

如图5.38（c）所示，前踢的左脚向前落地形成左走步，同时，做左手直拳。

（4）动作17-2侧。

如图5.38（d）所示，侧面示范动作，左手直拳。

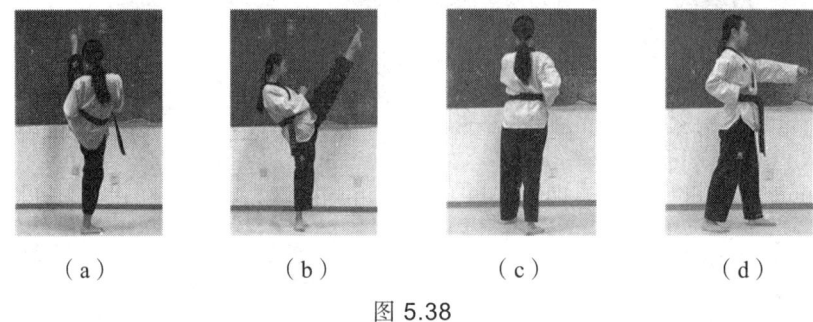

图 5.38

19．动作18

（1）动作18-1。

如图5.39（a）所示，方向不变，右脚前踢。

（2）动作18-1侧。

如图5.39（b）所示，侧面示范动作，右脚前踢。

（3）动作18-2。

如图5.39（c）所示，前踢的右脚向前落地形成右走步，同时，做右手直拳并配合发声。

（4）动作18-2侧。

如图5.39（d）所示，侧面示范动作，右走步，右手直拳。

20．还原

如图5.40所示，以右前脚掌为轴，带动身体向后旋转180°，左脚回收形成还原姿势。

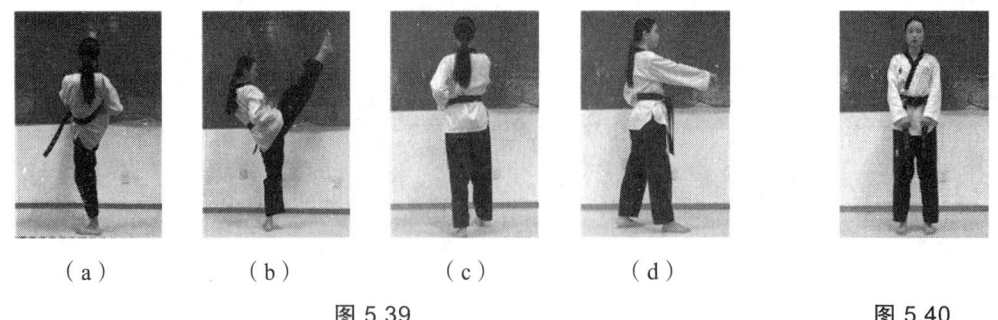

图 5.39　　　　　　　　　　　　　　　图 5.40

三、太极三章（雕）

太极三章对应的是太极八卦图中的"雕"，具有火、热情与光明的含义，因此太极三章的动作充满活力。通过修炼可以培养人的正气，教会人们克制自己的欲望。新动作包括单手刀颈部攻击、单手刀中外格挡。新的站势有三七步，技术特点是连续直拳两次然后迅速格挡对方的进攻，是适用于跆拳道 6 级修炼者的品势。

（1）要点：三七步前脚尖与后脚跟之间相距三脚的距离。单手刀中外格挡时，格挡的手刀的路线是从髋关节经过肩部。单手刀颈部攻击时的起始动作要注意辅助手臂呈放松伸直的状态，与胸口同高，拳心向下，攻击手臂的掌心向外，手尖高度至耳部。前踢后，两次直拳要同步依次进行。

（2）太极三章的进行路线最终形成"王"字，从起点开始，结束又回到起点，共 20 个动作。

1．准备

如图 5.41 所示，面向正前方，形成并排步，做准备姿势。

2．动作 1

如图 5.42 所示，向左方向，左脚向左移步，带动身体向左旋转 90°形成左走步，同时，做左下格挡。

3．动作 2

（1）动作 2-1。

如图 5.43（a）所示，向左方向，右脚前踢。

（2）动作 2-2。

如图 5.43（b）所示，前踢的右脚向前落地形成右弓步，同时，右手中位直拳。

（3）动作 2-3。

如图 5.43（c）所示，步法不变，左手直拳。

注意：动作 2-2 和 2-3 要连续进行。

　　　　　　　　　　　　　　　　　　　（a）　　　（b）　　　（c）

图 5.41　　　图 5.42　　　　　　图 5.43

4．动作 3

如图 5.44 所示，右脚向右后移步，带动身体向右旋转 180°形成右走步，同时，做右下格挡。

5．动作 4

（1）动作 4-1。

如图 5.45（a）所示，方向不变，左脚前踢。

（2）动作 4-2。

如图 5.45（b）所示，前踢的左脚向前落地形成左弓步，同时，左手中位直拳。

（3）动作 4-3。

如图 5.45（c）所示，步法不变，右手直拳。

注意：动作 4-2 和 4-3 要连续进行。

（a）　　　　（b）　　　　（c）

图 5.44　　　　　　图 5.45

6．动作 5

如图 5.46 所示，左脚向左前侧移步，带动身体向左旋转 90°形成左走步，同时，右单手刀向颈部攻击。

注意：单手刀颈部攻击的动作完成后，肘关节不能弯曲。

7．动作 6

如图 5.47 所示，方向不变，右脚上步形成右走步，同时，做左手单手刀颈部攻击。

8．动作 7

如图 5.48 所示，以右脚为轴，左脚向左侧移步，带动身体向左旋转 90°形成右三七步，同时，左单手刀做中外格挡。

9．动作 8

如图 5.49 所示，方向不变，左脚向前移一脚，右脚向内侧旋转半脚，形成左弓步，右手中位直拳。

注意：弓步与直拳同步进行。

图 5.46　　　图 5.47　　　图 5.48　　　图 5.49

10．动作 9

如图 5.50 所示，以左脚为轴右脚向右后移步，带动身体向右旋转 180°形成左三七步，同时，右单手刀做中外格挡。

11．动作 10

如图 5.51 所示，向右方向，右脚向前移一脚，左脚向内侧旋转半脚形成右弓步，同时，左手中位直拳。

12．动作 11

如图 5.52 所示，以右脚为轴，左脚向左前方向侧移步，带动身体向左前方向旋转 90°形成左走步，同时做右中内格挡。

注意：走步的宽度不能过大或过小。

13．动作 12

如图 5.53 所示，方向不变，右脚上步，形成右走步，同时，做左中内格挡。

图 5.50　　　　图 5.51　　　　图 5.52　　　　图 5.53

14．动作 13

如图 5.54 所示，转向右方向，以右脚为支撑，左脚向右后移步，带动身体向左旋转 270°形成左走步，同时，做左下格挡。

注意：左脚在前。

15．动作 14

（1）动作 14-1。

如图 5.55（a）所示，方向不变，右脚前踢。

（2）动作 14-2。

如图 5.55（b）所示，方向不变，前踢的右脚向前落地形成右弓步，同时，向前做中位右手直拳。

（3）动作 14-3。

如图 5.55（c）所示，步法不变．左手直拳。

注意：动作 14-2 和 14-3 要连续进行。

　　　　　　　　　　　（a）　　　　（b）　　　　（c）

图 5.54　　　　　　　　　　图 5.55

16．动作15

如图5.56所示，转向左方向，右脚向右后移步，带动身体向右旋转180°形成右走步，同时，做右下格挡。

注意：重心不能起伏过大，走步的宽度不能过大或过小。

17．动作16

（1）动作16-1。

如图5.57（a）所示，向右方向，左脚前踢。

（2）动作16-2。

如图5.57（b）所示，方向不变，前踢的左脚向前落地形成左弓步，同时，向前做中位左手直拳。

（3）动作16-3。

如图5.57（c）所示，步法不变，右手直拳。

注意：动作16-2和16-3要连续进行。

（a）　　　（b）　　　（c）

图5.56　　　　图5.57

18．动作17

（1）动作17-1。

如图5.58（a）所示，左脚向左后侧移步，带动身体向左旋转90°形成左走步，还原到起点方向。同时，做左下格挡。

（2）动作17-1侧。

如图5.58（b）所示，侧面示范动作，左走步，左手下格挡。

（3）动作17-2。

如图5.58（c）所示，步法不变，右手直拳。

（4）动作17-2侧。

如图5.58（d）所示，侧面示范动作，左走步，右手直拳。

（a）　　　（b）　　　（c）　　　（d）

图5.58

19．动作 18

（1）动作 18-1。

如图 5.59（a）所示，方向不变，右脚上步形成右走步，同时，做右下格挡。

（2）动作 18-1 侧。

如图 5.59（b）所示，侧面示范动作，右走步，右手下格挡。

（3）动作 18-2。

如图 5.59（c）所示，步法不变，左手直拳。

（4）动作 18-2 侧。

如图 5.59（d）所示，侧面示范动作，右走步，左手直拳。

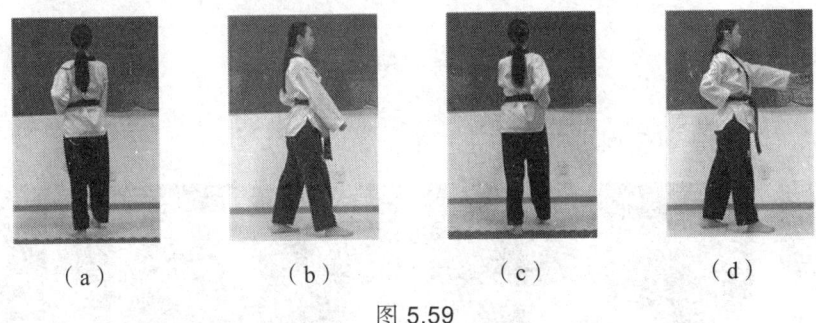

（a）　　　　（b）　　　　（c）　　　　（d）

图 5.59

20．动作 19

（1）动作 19-1。

如图 5.60（a）所示，方向不变，左脚前踢。

（2）动作 19-1 侧。

如图 5.60（b）所示，侧面示范动作，左脚前踢。

（3）动作 19-2。

如图 5.60（c）所示，前踢的左腿向前落地形成左走步，同时，做左下格挡。

（4）动作 19-2 侧。

如图 5.60（d）所示，侧面示范动作，左手下格挡。

（5）动作 19-3。

如图 5.60（e）所示，步法不变，右手直拳。

（6）动作 19-3 侧。

如图 5.60（f）所示，侧面示范动作，右手直拳。

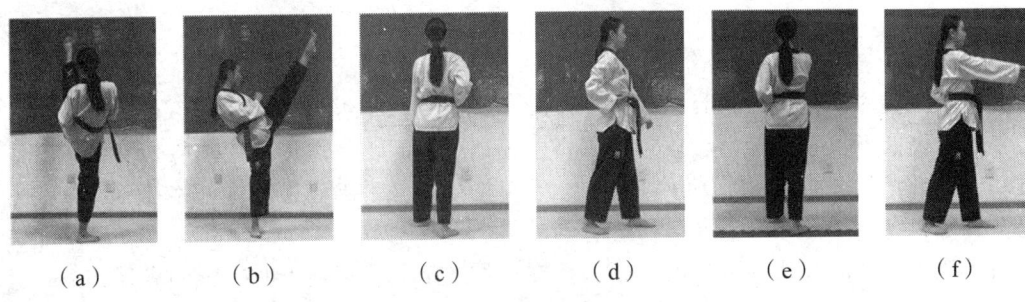

（a）　　（b）　　（c）　　（d）　　（e）　　（f）

图 5.60

21．动作 20

（1）动作 20-1。

如图 5.61（a）所示，方向不变，右脚前踢。

（2）动作 20-1 侧。

如图 5.61（b）所示，侧面示范动作，右脚前踢。

（3）动作 20-2。

如图 5.61（c）所示，前踢的右脚向前落地，同时形成右走步，右手下格挡。

（4）动作 20-2 侧。

如图 5.61（d）所示，侧面示范动作，右手下格挡。

（5）动作 20-3。

如图 5.61（e）所示，步法不变，左手直拳配合发声。

（6）动作 20-3 侧。

如图 5.61（f）所示，侧面示范动作，左手直拳。

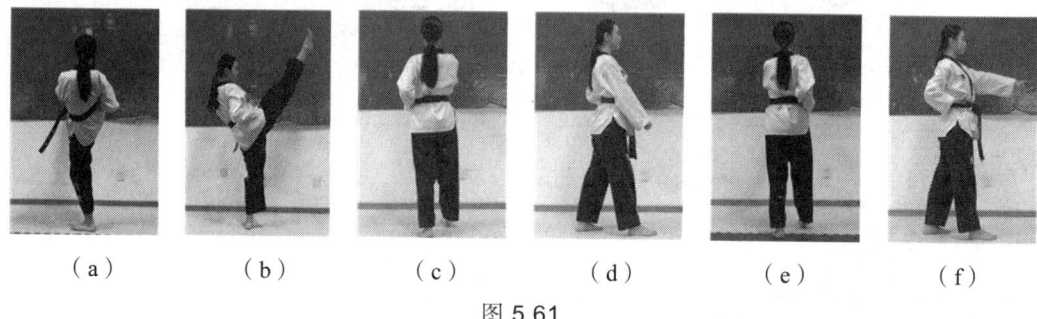

(a)　　　(b)　　　(c)　　　(d)　　　(e)　　　(f)

图 5.61

20．还原

如图 5.62 所示，以右脚前掌为轴，带动身体向后旋转 180°，左脚回收形成还原姿势。

图 5.62

四、太极四章（震）

太极四章对应的是太极八卦图中的"震"，具有雷、威风凛凛和浩然正气的含义，令人望而生畏。太极四章由手刀接招、攻击接着贯手等招式练起，然后进入中段接招和侧踢等高难度技法，新的招式包括燕子手刀颈部攻击、手刀格挡、平手尖刺击、中外格挡、背拳前击和腿法侧踢等，是适用于跆拳道 5 级修炼者的品势。

（1）要点：重心起伏不可过大，要保持在动作线上。背拳前击时，击的拳动作路线是从辅助手臂的内侧向外击出。燕子手刀颈部攻击的肩部向左倾斜 45°角。两次侧踢时，双手握拳置于胸口，第一个侧踢完成后形成走步，然后紧接下一个侧踢。

（2）太极四章的进行路线最终形成"王"字，从起点开始，结束又回到起点，共计 20 个动作。

1．准备

如图 5.63 所示，面向正前方，形成并排步，同时做准备姿势。

2．动作 1

如图 5.64 所示，向左方向，左脚向左移步，带动身体向左旋转形成右三七步，同时，左手刀中位格挡。

3．动作 2

如图 5.65 所示，方向不变，右脚上步形成右弓步，同时，右平手尖刺击。

注意：手脚同步进行。

规定动作：刺击的手臂拉到髋关节后再开始刺击。

扣分事项：从胸口开始刺击。

4．动作 3

如图 5.66 所示，右脚向右后移步，带动身体向右旋转 180°形成左三七步，同时，右手刀中位格挡。

图 5.63　　　　图 5.64　　　　图 5.65　　　　图 5.66

5．动作 4

如图 5.67 所示，向右方向，左脚上步形成左弓步，同时，左平手尖刺击。

规定动作：刺击的手臂拉到髋关节后再开始刺击。

扣分事项：从胸口开始刺击。

6．动作 5

如图 5.68 所示，以右脚为轴，左脚向左前移步，带动身体向左旋转 90°形成左弓步，同时，燕子手刀颈部攻击。

燕子手刀的起始动作：左手放在右髋关节处，掌心向上，右手与耳部同高，掌心向外，动作完成后肩部向左旋转 45°角。

7．动作 6

（1）动作 6-1。

如图 5.69（a）所示，方向不变，右脚前踢。

（2）动作 6-2。

如图 5.69（b）所示，前踢的右脚向前落地形成右弓步，同时，同时左手中位直拳。

　　　　　　　　　　　　　　　　　　　　　　　　　　（a）　　　　　　（b）

　　图 5.67　　　　　　图 5.68　　　　　　　　图 5.69

8．动作 7

如图 5.70 所示，方向不变，左脚侧踢。

注意：侧踢时视线、肩部、髋关节、脚后跟形成一条直线上，双拳放在胸口。第一个侧踢完成后，步法是形成左走步的动作。

9．动作 8

（1）动作 8-1。

如图 5.71（a）所示，方向不变，右脚侧踢。

（2）动作 8-2。

如图 5.71（b）所示，侧踢完成后，右脚向前落地同时形成左三七步，右手刀中位格挡。

注意：重心、三七步的大小要合适。

10．动作 9

如图 5.72 所示，以右脚为轴，左脚向左后移步，带动身体向左旋转，形成右三七步，同时，左中外格挡。

注意：格挡的高度是与肩部同高。

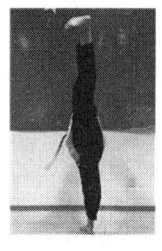   

　　　　　　　　　　　　　　　　（a）　　　　（b）

　　图 5.70　　　　　　　图 5.71　　　　　　　图 5.72

11．动作 10

（1）动作 10-1。

如图 5.73（a）所示，向右方向，右脚前踢。

（2）动作 10-2。

如图 5.73（b）所示，前踢后收回原位形成右三七步，同时，右中内格挡。

注意：右中内格挡时肩部向左 45°角，踢腿后，前脚不要向后移动，手脚不能分开进行，三七步要标准到位。

12．动作 11

如图 5.74 所示，以左脚为轴，右脚向右后移步，带动身体向右旋转 180°形成左三七步，右中外格挡。

注意：移动时注意重心的起伏不能过大。

13．动作 12

（1）动作 12-1。

如图 5.75（a）所示，向右方向，左脚前踢。

（2）动作 12-2。

如图 5.75（b）所示，前踢后收回原位形成左三七步，同时，左中内格挡。

注意：左中内格挡时肩部向右 45°角，踢腿后，前脚不要向后移动，手脚不要分开进行，三七步要标准到位。

（a）　　　　　　（b）　　　　　　　　　　　　　（a）　　　　　　（b）
图 5.73　　　　　　　　图 5.74　　　　　　　　图 5.75

14．动作 13

如图 5.76 所示，以右脚为轴，左脚向左前移步，带动身体向左旋转 90°形成左弓步，还原到起点方向。同时，燕子手刀颈部攻击。

15．动作 14

（1）动作 14-1。

如图 5.77（a）所示，向起点方向，右脚前踢。

（2）动作 14-1 侧。

如图 5.77（b）所示，侧面示范动作，右脚前踢。

（3）动作 14-2。

如图 5.77（c）所示，前踢后向前落地形成右弓步，同时，右手背拳前击。

注意：背拳前击，目标的高度是人中。

规定动作：背拳前击的右臂从左髋关节开始，拳心向下，要从辅助手臂的内侧向外。

扣分事项：右臂从辅助手臂的外侧开始，腕部弯曲。

（4）动作 14-2 侧。

如图 5.77（d）所示，侧面示范动作，右弓步，右手背拳前击。

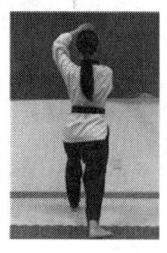    

图 5.76　　　　（a）　　　　（b）　　　　（c）　　　　（d）

　　　　　　　　　　　　　　图 5.77

16．动作 15

如图 5.78 所示，转向右方向，左脚向左方向移步，带动身体向左方向旋转 90°形成左走步，同时做左中内格挡。

注意：左走步和左中内格挡要同步进行。

17．动作 16

如图 5.79 所示，向右方向，步法不变右手直向拳。

18．动作 17

如图 5.80 所示，向左方向，以左脚为轴，右脚向后移步，带动身体向后旋转 180°，右脚在前形成右走步，同时，做右中内格挡。

注意：走步动作完成后不能左右交叉。

19．动作 18

如图 5.81 所示，方向不变，步法不变，左手直拳。

图 5.78　　　　图 5.79　　　　图 5.80　　　　图 5.81

20．动作 19

（1）动作 19-1。

如图 5.82（a）所示，左脚向左方向侧移步，同时带动身体向左方向旋转 90°，还原到起点方向。形成左弓步的同时做左中内格挡，紧接两次直拳。

注意：移动时注意重心的起伏不能过大。

（2）动作 19-2。

如图 5.82（b）所示，步法不变，右手直拳。

（3）动作 19-2 侧。

如图 5.82（c）所示，侧面示范动作，左弓步，右手直拳。
（4）动作 19-3。
如图 5.82（d）所示，步法不变左手直拳。
注意：动作 19-2 和 19-3 连续进行速度要快。
（5）动作 19-3 侧。
如图 5.82（e）所示，侧面示范动作，左弓步，左手直拳。

（a）　　　　（b）　　　　（c）　　　　（d）　　　　（e）

图 5.82

21．动作 20

（1）动作 20-1。

如图 5.83（a）所示，方向不变，右脚上步形成右弓步，同时，做右手中内格挡。

（2）动作 20-1 侧。

如图 5.83（b）所示，侧面示范动作，右弓步，右手中内格挡。

（3）动作 20-2。

如图 5.83（c）所示，步法不变，左手直拳。

（4）动作 20-2 侧。

如图 5.83（d）所示，侧面示范动作，左手直拳。

（5）动作 20-3。

如图 5.83（e）所示，步法不变右手直拳配合发声。

注意：动作 20-2 和 20-3 连续进行速度要快。

（6）动作 20-3 侧。

如图 5.83（f）所示，侧面示范动作，右手直拳。

（a）　　　（b）　　　（c）　　　（d）　　　（e）　　　（f）

图 5.83

22．还原

如图 5.84 所示，以右前脚掌为轴，带动身体向后旋转 180°，左脚回收形成还原姿势。

图 5.84

五、太极五章（巽）

太极五章对应的是太极八卦图中的"巽"，具有风的含义，但风又分为"和煦微风"与"猛烈强风"，分别代表静谧和威猛。故太极五章是可以调节力量强弱的修炼阶段，有包括下捶拳、旋肘前击、侧踢同时直拳侧击、掌肘对击等新动作，新站姿是后交叉步与左右站姿，是适用于跆拳道 4 级修炼者的品势。

（1）要点：下捶拳击打拳的动作路线是从辅助拳内侧向外击打。中内格挡和背拳前击时，双拳的高度要准确明显，侧踢和侧击动作完成后，掌肘对击注意要同步。

（2）太极五章的进行路线最终形成"王"字，从起点开始，结束又回到起点，共计 20 个动作。

1．准备

如图 5.85 所示，面向正前方，形成并排步，同时做准备姿势。

2．动作 1

如图 5.86 所示，转向左方向，左脚向左移步，带动身体向左旋转 90°形成左弓步，同时，做左下格挡。

3．动作 2

如图 5.87 所示，方向不变，左脚回收形成左站势，同时，左手下捶拳。拳的高度是与眼部同高，左右脚内侧形成 90°。

规定动作：攻击的手臂从里到外，动作幅度要大。

扣分事项：攻击的手臂从外到里。

4．动作 3

如图 5.88 所示，以左脚为轴，右脚向右后移步，带动身体向右旋转，形成右弓步，同时，做右下格挡。

图 5.85　　　　图 5.86　　　　图 5.87　　　　图 5.88

5．动作 4

如图 5.89 所示，方向不变，右脚回收形成右站势，同时，右手下捶拳。

规定动作：攻击的手臂从里到外，动作幅度要大。

扣分事项：攻击的手臂从外到里。

6．动作 5

（1）动作 5-1。

如图 5.90（a）所示，以右脚为轴，左脚向左前方向侧移步，带动身体向左旋转 90°，形成左弓步，同时，做中位内格挡，高度与肩部同高。

注意：动作要连续完成。

（2）动作 5-2。

如图 5.90（b）所示，步法不变，做右中位内格挡。

注意：动作 5-1 和 5-2 要连续完成。

图 5.89

（a） （b）
图 5.90

7．动作 6

（1）动作 6 1。

如图 5.91（a）所示，方向不变，右脚前踢。

（2）动作 6-2。

如图 5.91（b）所示，方向不变，前踢的右脚向前落地形成右弓步，同时，做右背拳前击。

注意：落步与背拳要同步进行，背拳击打的高度是人中。

（3）动作 6-3。

如图 5.91（c）所示，步法不变，左手中内格挡。

注意：做动作 6-2 和 6-3 时高度要明显。

（a） （b） （c）
图 5.91

8．动作 7

（1）动作 7-1。

如图 5.92（a）所示，方向不变，左脚前踢。

（2）动作 7-2。

如图 5.92（b）所示，方向不变，前踢的左脚向前落地形成左弓步，同时，做左背拳前击。

（3）动作 7-3。

如图 5.92（c）所示，步法不变，右中内格挡。

9．动作 8

如图 5.93 所示，方向不变，右脚上步形成右弓步，同时，做右背拳前击。

注意：马步和背拳要同步进行。

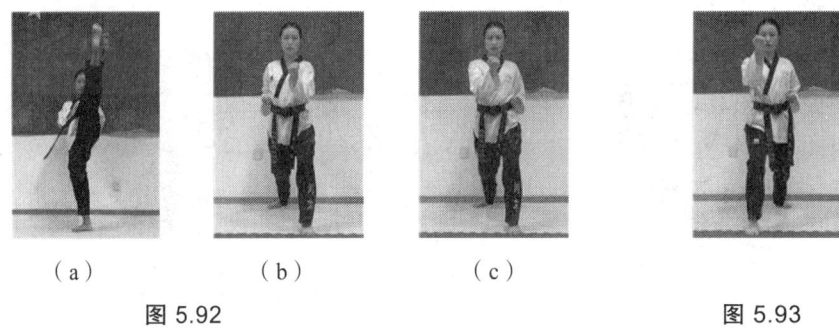

（a）　　　　　（b）　　　　　（c）

图 5.92　　　　　　　　　　　图 5.93

10．动作 9

如图 5.94 所示，转向右方向，以右脚为轴，左脚向左后移步，带动身体向左旋转 270°形成右三七步，同时，左单手刀中外格挡。

注意：单手刀中外格挡的高度是手与肩部同高，腕部伸直，肘关节放松下垂。

11．动作 10

如图 5.95 所示，方向不变，右脚上步形成右弓步，同时，做右旋肘前击。

规定动作：右旋肘前击的高度是下颌，动作完成后，攻击手臂的拳心向下，腕部伸直，肩部向左约 160°。

扣分事项：格挡完成后高度不准确或眼部不旋转。

12．动作 11

如图 5.96 所示，向左方向，以左脚为轴，右脚向右后移步，带动身体向右旋转 180°形成左三七步，同时，右单手刀中外格挡。

13．动作 12

如图 5.97 所示，方向不变，左脚上步，形成左弓步，同步做左旋肘前击。

注意：左弓步与左旋肘前击要同步进行。

规定动作：左旋肘前击的高度是下颌，动作完成后，攻击手臂的拳心向下，腕部伸直，肩部向左约 160°。

扣分事项：格挡完成后高度不准确，眼部不旋转。

图 5.94　　　　图 5.95　　　　图 5.96　　　　图 5.97

14．动作 13

（1）动作 13-1。

如图 5.98（a）所示，以右脚为轴，左脚向左移步，带动身体向左旋转 90°，还原到起点方向。形成左弓步，同时左手下格挡。

（2）动作 13-1 侧。

如图 5.98（b）所示，侧面示范动作，左手下格挡。

（3）动作 13-2。

如图 5.98（c）所示，步法不变，右手中内格挡。

（4）动作 13-2 侧。

如图 5.98（d）所示，侧面示范动作，右手中内格挡。

（a）　　　　（b）　　　　（c）　　　　（d）

图 5.98

15．动作 14

（1）动作 14-1。

如图 5.99（a）所示，方向不变，右脚前踢。

（2）动作 14-1 侧。

如图 5.99（b）所示，侧面示范动作，右脚前踢。

（3）动作 14-2。

如图 5.99（c）所示，方向不变，前踢的右脚向前落地形成右弓步，同时，做右手下格挡。

（4）动作 14-2 侧。

如图 5.99（d）所示，侧面示范动作，右手下格挡。

（5）动作 14-3。

如图 5.99（e）所示，步法不变，左手中内格挡。

（6）动作 14-3 侧。

如图 5.99（f）所示，侧面示范动作，左手中内格挡。

（a）　　　（b）　　　（c）　　　（d）　　　（e）　　　（f）

图 5.99

16．动作 15

如图 5.100 所示，以右脚为轴，左脚向左移步，带动身体向左旋转 90°，转向右方向，形成左弓步，同时，做左上格挡。

17．动作 16

（1）动作 16-1。

如图 5.101（a）所示，方向不变，右脚侧踢，同时右拳侧击。

注意：拳心向下，侧踢时肩部、髋部、脚后跟形成一条直线。

扣分事项：拳与腿部的距离超过一立掌，或不足一立掌。

（2）动作 16-2。

如图 5.101（b）所示，方向不变，侧踢的脚向前落地形成右弓步，同时，掌肘对击。

规定动作：掌肘对击完成后，肩部向右旋转，充分使用腰部的力量。

扣分事项：利用手臂对击时。

18．动作 17

如图 5.102 所示，以左脚为轴，右脚向右后移步，带动身体向右旋转 180°，形成右弓步，同时，做右上格挡。

　　　　　　　　　　　（a）　　　（b）

　图 5.100　　　　　　　图 5.101　　　　　　　图 5.102

19．动作 18

（1）动作 18-1。

如图5.103（a）所示，向左方向，左脚侧踢，同时左拳侧击。

扣分事项：拳与腿部的距离超过一立掌以内或以外。

（2）动作18-2。

如图5.103（b）所示，方向不变，侧踢的脚向前落地形成左弓步，同时，掌肘对击。

规定动作：掌肘对击完成后，肩部向右旋转，充分使用腰部的力量。

扣分事项：利用手臂对击时。

20．动作19

（1）动作19-1。

如图5.104（a）所示，以右脚为轴，左脚向左侧移步，带动身体向左旋转90°，还原到起点方向。形成左弓步，同时，做左手下格挡。

（2）动作19-1侧。

如图5.104（b）所示，侧面示范动作，左手下格挡。

（3）动作19-2。

如图5.104（c）所示，步法不变，右手中内格挡。

（4）动作19-2侧。

如图5.104（d）所示，侧面示范动作，右手中内格挡。

（a）　　　（b）　　　　　（a）　　　（b）　　　（c）　　　（d）

图 5.103　　　　　　　　　　　图 5.104

21．动作20

（1）动作20-1。

如图5.105（a）所示，方向不变，右脚前踢。

（2）动作20-1侧。

如图5.105（b）所示，侧面示范动作，右脚前踢。

（3）动作20-2。

如图5.105（c）所示，方向不变，前踢的右脚向前落地形成后交叉步，右背拳前击并配合发声。

注意：右脚的角度是45°，右脚与左脚尖间隔是一拳的距离。

规定动作：使用脚刀向下跺脚的同时形成后交叉步，背拳前击的动作路线是从里到外。

扣分事项：向下跺脚的脚尖向正前方或背拳前击的手臂从外到里。

（4）动作20-2侧。

如图5.105（d）所示，侧面示范动作，后交叉步，右背拳前击。

22．还原

如图 5.106 所示，向正前方向，以右前脚掌轴，带动身体向后旋转 180°，左脚回收同时形成并排步，做还原姿势。

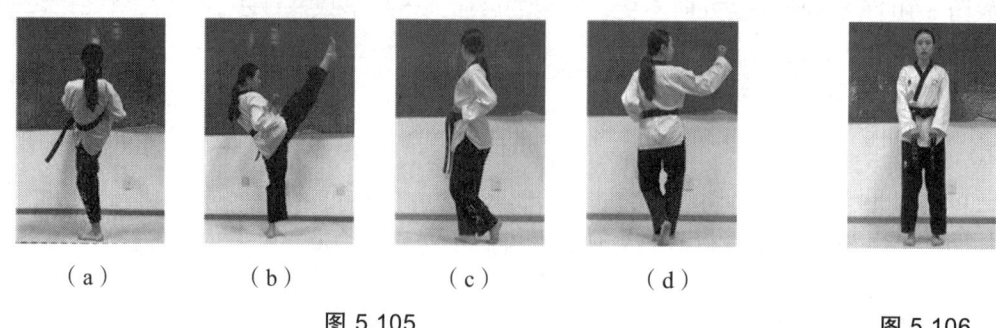

（a） （b） （c） （d）

图 5.105　　　　　　　　　　　　　图 5.106

六、太极六章（坎）

太极六章对应的是太极八卦图中的"坎"，指的是水，具有川流不息与柔韧的含义。就像万物之源的水一样，太极六章的每个技术动作连接必须连贯，没有停顿。有包括单手刀上位斜外格挡、横踢、单手掌中内格挡、双手交叉分式下格挡等新动作，是适用于跆拳道 3 级修炼者的品势内容。

（1）要点：做右侧单手刀上位斜外格挡时，肩部向左方向倾斜 45°角。横踢后，踢腿的脚落地宽度要与弓步的宽度相同，视线紧盯进攻方向。做单手掌中内格挡时，手掌与胸口同高，动作 16 至 17 手刀格挡时要以前脚掌为轴后方向旋转，格挡与旋转要同步进行。

（2）太极六章的进行路线最终形成"王"字，从起点开始，结束又回到起点，共计 19 个动作。

1．准备

如图 5.107 所示，面向正前方，形成并排步，同时做准备姿势。

2．动作 1

如图 5.108 所示，转向左方向，左脚向左移步，带动身体向左旋转 90°，形成左弓步，同时，做左下格挡。

3．动作 2

（1）动作 2-1。

如图 5.109（a）所示，方向不变，右脚前踢。

（2）动作 2-2。

如图 5.109（b）所示，方向不变，前踢的右脚回收，左脚在前形成右三七步，同时，左中外格挡。

规定动作：前踢后中外格挡同步进行。

扣分事项：格挡和落地的脚分开进行。

图 5.107　　　　　图 5.108　　　　　图 5.109

4．动作 3

如图 5.110 所示，以左脚为轴，右脚向右后移步，带动身体向右旋转 180°，形成右弓步，同时做右下格挡。

5．动作 4

（1）动作 4-1。

如图 5.111（a）所示，方向不变，左脚前踢。

（2）动作 4-2。

如图 5.111（b）所示，方向不变，前踢的左脚回收，右脚在前形成左三七步，同时，右中外格挡。

规定动作：前踢后中外格挡同步进行。

扣分事项：格挡和落地的脚分开进行。

6．动作 5

如图 5.112 所示，转向正前方，以右脚为轴，身体向左旋转 90°，移左脚形成左弓步，同时，做右单手刀上位斜外格挡。

注意：格挡时起始点的手刀是从左髋关节开始，经过面部时开始格挡，掌心向上，辅助的手臂在左肩部，拳心向外

规定动作：格挡时需交叉格挡，动作完成后格挡的手刀与耳部同高，肩部向左 45°角。

扣分事项：格挡时用单手格挡，格挡后肘关节向外翘起，肩部的角度不准确。

图 5.110　　　　　图 5.111　　　　　图 5.112

7．动作 6

（1）动作 6-1。

如图 5.113（a）所示，方向不变，右脚横踢。

注意：横踢时双拳放在胸口，高度是头部，使用部位是前脚掌。

（2）动作 6-2。

如图 5.113（b）所示，左脚向左方向，向左侧移步，身体同步向左旋转 90°，形成左弓步，同时，左手上位外格挡。

注意：左手的腕部与耳部同高，腕部要伸直。

规定动作：右脚向前落地的宽度与弓步距离同宽。

扣分事项：横踢后双脚并拢或向格挡方向落地时。

（3）动作 6-3。

如图 5.113（c）所示，方向不变，步法不变，右手直拳。

扣分事项：动作 6-2 和 6-3 分开进行或动作 6-2 的格挡用单手格挡时。

8．动作 7

（1）动作 7-1。

如图 5.114（a）所示，方向变，右脚前踢。

（2）动作 7-2。

如图 5.114（b）所示，方向变，前踢的右脚向前落地形成右弓步，同时，左手直拳。

注意：右弓步与左手直拳同步进行。

图 5.113　　　　　　　　　　图 5.114

9．动作 8

（1）动作 8-1。

如图 5.115（a）所示，转向右方向，以左脚为轴，右脚向右后移步，带动身体向右旋转 180°，移右脚形成右弓步，同时，右手上位外格挡。

扣分事项：动作 8-1 和 8-2 分开进行或动作 8-2 的格挡用单手格挡时。

（2）动作 8-2。

如图 5.115（b）所示，步法不变，左手直拳。

10．动作 9

（1）动作 9-1。

如图 5.116（a）所示，向右方向，左脚前踢。

（2）动作 9-2。

如图 5.116（b）所示，方向不变，前踢的左脚向前落地同时形成左弓步，同时，做右手直拳。

（a） （b） （a） （b）

图 5.115 图 5.116

11．动作 10

如图 5.117 所示，转向正前方，以右脚为轴，左脚向后移步，带动身体向左旋转 90°形成并排步，同时，右手在内左手在外。脚原地不动，双手交叉分手下格挡。

注意：拳心向内，格挡节奏 5 秒内完成。

扣分事项：速度的快慢或交叉的手臂位置不准确。

12．动作 11

如图 5.118 所示，方向不变，右脚上步形成右弓步，同时，左单手刀上位斜外格挡。

规定动作：格挡时需交叉格挡，动作完成后格挡的手刀与耳部同高，肩部向左 45°角。

扣分事项：格挡时，用单手格挡，格挡后肘关节向外翘起，肩部的角度不准确时。

13．动作 12

（1）动作 12-1。

如图 5.119（a）所示，方向不变，左脚横踢，同时一配合发声。

规定动作：横踢的右脚向前落地的宽度是与弓步的距离同宽。

扣分事项：横踢后双脚并拢或向格挡方向落地时。

（2）动作 12-2。

如图 5.119（b）所示，横踢的左脚向前落地的宽度是与弓步同宽，身体向左方向，以左脚为轴，身体向右旋转 270°，形成右弓步并同步做右下格挡。

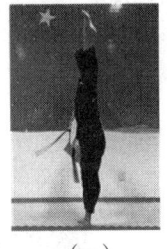

（a） （b）

图 5.117 图 5.118 图 5.119

14．动作 13

（1）动作 13-1。

如图 5.120（a）所示，方向不变，左脚前踢。

（2）动作 13-2。

如图 5.120（b）所示，前踢的左脚回收，右脚在前，形成左三七步，同时，右中外格挡。

15．动作 14

如图 5.121 所示，向右方向，以右脚为轴，左脚向后移步，带动身体向左旋转 180°，形成左弓步，同时，做左下格挡。

16．动作 15

（1）动作 15-1。

如图 5.122（a）所示，方向不变，右脚前踢。

（2）动作 15-2。

如图 5.122（b）所示，前踢的右脚回收，左脚在前形成右三七步，同时，左中外格挡。

（a） （b） （a） （b）
图 5.120 图 5.121 图 5.122

17．动作 16

如图 5.123 所示，转向正前方，以左前脚掌为轴，身体向左旋转 90°，移右脚形成右三七步，同时，做手刀中位格挡。

18．动作 17

如图 5.124 所示，方向不变，以右脚为轴，左脚向后移步，带动身体形成左三七步，同时，做手刀中位格挡。

19．动作 18

（1）动作 18-1。

如图 5.125（a）所示，方向不变，右脚向后移步形成左弓步，同时，左手掌做中位内格挡。

起始动作：格挡的掌与耳同高，掌心向外，辅助的手臂放松伸直，拳心向下，格挡的高度是与胸口的高度齐平。

（2）动作 18-2。

如图 5.125（b）所示，步法不变，右手中位直拳。

（a） （b）
图 5.123 图 5.124 图 5.125

20．动作 19

（1）动作 19-1。

如图 5.126（a）所示，方向不变，左脚向后移步形成右弓步，同时，右手掌中位内格挡。

（2）动作 19-2。

如图 5.126（b）所示，步法不变，左手直拳。

21．还原

如图 5.127 所示，以左脚为轴，收回右脚形成并排步，同时，还原成准备姿势。

（a）

（b）

图 5.126

图 5.127

七、太极七章（艮）

太极七章对应的是太极八卦图中的"艮"，指的是山，具有稳重与稳健的含义。练习此招式可培养厚实和张弛有度的力量，通过修炼可以培养不可动摇的力量和意志。太极七章包括手刀下格挡、剪刀手格挡、袭击胸口、手掌中内格挡、双手交叉中位外格挡、并步抱拳、交叉拳下格挡、背拳外击等新动作，是适用于跆拳道 2 级修炼者的品势。

（1）要点：虎步要做到规范准确，手掌中内格挡之后，背拳前击要达到人中的高度，手与脚同时进行动作，剪刀手格挡时连续依次进行，充分利用腰部力量，动作 21 至 22 的内摆与掌肘对击要同步，掌肘对击高度要到达胸口，背拳外击的起始动作是从肩部开始，拳心向脸。

（2）太极七章的行进路线最终形成"王"字，从起点开始，动作结束后又回到起点，共计 25 个动作。

1．准备

如图 5.128 所示，面向正前方，形成并排步，同时做准备姿势。

2．动作 1

如图 5.129 所示，转向左方向，左脚向左方向侧移步，带动身体向左方向旋转 90°形成左虎步的同时做右手掌中位内格挡。虎步前脚和后脚相距两脚的距离，格挡时，起始动作的掌心向外，高度与肩部同高，格挡的高度是胸口。

3．动作 2

（1）动作 2-1。

如图 5.130（a）所示，方向不变，右脚前踢。

（2）动作2-2。

如图5.130（b）所示，前踢的右脚回收，同时左脚在前形成左虎步，同时，做左中内格挡。

规定动作：虎步和格挡同步进行。

扣分事项：虎步的过大或过小，格挡的高度过高或过低时。

　　　　　　　　　　　　　　　　　　　　（a）　　　　（b）

图5.128　　　　　图5.129　　　　　　　图5.130

4．动作3

如图5.131所示，转向右方向，以左前脚掌为轴，右脚向后移步，带动身体向右旋转180°，同时移右脚，右脚在前形成右虎步，同时左手掌中内格挡。

注意：重心起伏不要过大。

5．动作4

（1）动作4-1。

如图5.132（a）所示，左脚前踢。

（2）动作4-2。

如图5.132（b）所示，前踢的左脚回收，同时，右脚在前，形成右虎步，同时，做右手中内格挡。

规定动作：虎步和格挡同步进行。

扣分事项：虎步过大或过小，格挡的高度过高或过低。

6．动作5

如图5.133所示，转向正前方，以右脚为轴，左脚向左侧移步，带动身体向左旋转90°，形成右三七步，同时，左侧手刀下格挡。

注意：辅助手的腕部伸直，高度与胸口同高，复制手与身体的距离是一立掌距离。

　　　　　　　　　　　　（a）　　　（b）

图5.131　　　　　　图5.132　　　　　　图5.133

7．动作 6

如图 5.134 所示，方向不变，以左脚为轴，右脚上步形成左三七步，同时，做右侧手刀下格挡。

注意：移动时重心的起伏不要过大。

8．动作 7

如图 5.135 所示，向左方向，以右脚为轴，身体向左旋转 90°，移左脚形成左虎步，同时右手掌中位内格挡。

注意：格挡的高度是胸口，辅助手臂的拳心向下。

9．动作 8

（1）动作 8-1。

如图 5.136（a）所示，步法不变，右背拳前击准备动作。

注意：准备动作收回时，右拳放在左肩处，拳心向内，要不充分的旋转。

（2）动作 8-2。

如图 5.136（b）所示，步法不变，右背拳前击。

规定动作：背拳前击的高度是人中，出拳时要使用腰部力量。

扣分事项：上身动作幅度过大时。

图 5.134　　　　　图 5.135　　　　　图 5.136

10．动作 9

如图 5.137 所示，以左前脚掌为轴，身体向右旋转 180°，移右脚，右脚在前形成右虎步，同时左手掌中内格挡。

11．动作 10

（1）动作 10-1。

如图 5.138（a）所示，步法不变，左背拳前击准备动作。

（2）动作 10-2。

如图 5.138（b）所示，步法不变，左背拳前击。

规定动作：背拳前击的高度是人中，出拳时要使用腰部力量。

扣分事项：上身动作幅度过大时。

12．动作 11

如图 5.139 所示，转向正前方，以右前脚掌为轴，收左脚形成并步，同时抱拳。

规定动作：形成并步后，抱拳的节奏是 5 秒，起始动作从丹田开始到人中高度，双肘放松下垂，左手抱右拳。

扣分事项：站势和抱拳同步进行，高度不准确。

　　　　　　　　　　　　　（a）　　　　（b）

图 5.137　　　　　　　图 5.138　　　　　　　　图 5.139

13．动作 12

（1）动作 12-1。

如图 5.140（a）所示，方向不变，左脚上步形成左弓步，同时做剪刀格挡。

注意：左手中外格挡，右手做下格挡。

扣分事项：格挡手臂的宽度及中外格挡的高度不准确时。

（2）动作 12-2。

如图 5.140（b）所示，步法不变，剪刀格挡（右手中外格挡左下格挡）

注意：剪刀格挡时利用腰部发力。

扣分事项：格挡手臂的宽度及中外格挡的高度不准确时。

14．动作 13

（1）动作 13-1。

如图 5.141（a）所示，方向不变，右脚上步形成右弓步，同时，做剪刀格挡。

注意：右手做中外格挡，左手做下格挡。

（2）动作 13-2。

如图 5.141（b）所示，步法不变，剪刀格挡

注意：左手做中外格挡，右手做下格挡。

　　　（a）　　　　（b）　　　　　　　（a）　　　　（b）

图 5.140　　　　　　　　　　　图 5.141

15．动作 14

如图 5.142 所示，转向右方向，以右脚为轴，左脚向后移，带动身体向左旋转约 270°形成左弓步，同时，双手交叉中外格挡。

注意：格挡时，起始动作在胸前形成"×"形态开始，格挡完成时动作与肩部同高。

16．动作 15

（1）动作 15-1。

如图 5.143（a）所示，向右方向，右腿准备提膝攻击。

（2）动作 15-2。

如图 5.143（b）所示，方向不变，右脚提膝攻胸口。

规定动作：有抓住对方的肩部向下压的感觉，动作完成后身体中正，双拳在踝关节处，膝关节与髋关节同高。

扣分事项：攻击时，双拳不展开或动作完成后，双臂的肘关节弯曲时。

（3）动作 15-3。

如图 5.143（c）所示，右脚向前落地同时形成后交叉步，同时，做中位双仰直拳。

注意：中位双仰直拳起始动作从髋关节出发，拳心向下。

（a）　　　　（b）　　　　（c）

图 5.142　　　　　　图 5.143

17．动作 16

如图 5.144 所示，方向不变，左脚向后撤一步形成右弓步，同时，交叉拳右侧下格挡。
注意：起点左手在上右手在下、拳心向上，动作完成后，双拳的拳心向左右两侧。

18．动作 17

如图 5.145 所示，向左方向，以左脚为轴，右脚向后移步，带动身体向右旋转 180°形成右弓步，同时，双手交叉中外格挡。

19．动作 18

（1）动作 18-1。

如图 5.146（a）所示，方向不变，左脚准备提膝。

（2）动作 18-2。

如图 5.146（b）所示，左脚提膝攻胸口。

规定动作：有抓住对方的肩部向下压的感觉，动作完成，后身体中正，双拳在踝关节，膝关节与髋关节同高。

扣分事项：攻击时，双拳不展开或动作完成后双臂的肘关节弯曲时。

（3）动作18-3。

如图 5.146（c）所示，左脚向前落地形成后交叉步，同时，中位双仰直拳。

注意：起始动作，双拳的拳心向下。

　　　　　　　　　　　　　　　　（a）　　　（b）　　　（c）

图 5.144　　　　　图 5.145　　　　　　　图 5.146

20．动作 19

如图 5.147 所示，方向不变，右脚向后撤一步形成左弓步，同时，双拳交叉做左侧下格挡。

注意：交叉双拳时，左手在下，右手在上，拳心向上，动作完成后双拳的拳心向左右两侧。

21．动作 20

（1）动作 20（背）。

如图 5.148（a）所示，还原到起点方向，以右脚为轴，身体向左旋转 90°，移左脚形成左走步，同时，左侧背拳外击。

注意：背拳外击的起始动作是左拳从右肩部开始，拳心向脸部，攻击的部位是太阳穴。

（2）动作 20 侧。

如图 5.148（b）所示，侧面示范动作，左侧背拳外击。

　　　　　　　　　　　　（a）　　　　　（b）

图 5.147　　　　　　　图 5.148

22．动作 21

（1）动作 21-1。

如图 5.149（a）所示，向起点方向，右脚内摆。

规定动作：进攻动作完成时，手掌和脚掌在头部高度时对击。

扣分事项：对击时手掌左右或上下晃动时。

（2）动作 21-1 侧。

如图 5.149（b）所示，侧面示范动作，右脚内摆。

（3）动作 21-2。

如图 5.149（c）所示，内摆的右脚向下落地形成马步，同时掌肘对击。

规定动作：掌肘对击与马步同步进行，视线注视进攻方向。

扣分事项：分开做动作或实现不准确时。

（4）动作 21-2 侧。

如图 5.149（d）所示，侧面示范动作，马步掌肘对击。

（a）　　　　　（b）　　　　　（c）　　　　　（d）

图 5.149

23．动作 22

（1）动作 22（背）。

如图 5.150（a）所示，身体起立，同时右转 90°，左脚跟步形成右走步，同时，做右侧背拳外击。

注意：背拳外击的起始动作是右拳从左肩部开始，拳心向脸部，攻击的部位是太阳穴。

（2）动作 22 侧

如图 5.150（b）所示，侧面示范动作，右侧背拳外击。

 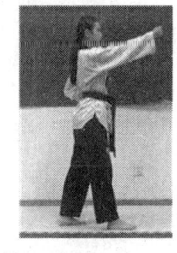

（a）　　　　　（b）

图 5.150

24．动作 23

（1）动作 23-1。

如图 5.151（a）所示，方向不变，左脚内摆。

规定动作：进攻动作完成时，手掌和脚掌在头部高度时对击。

扣分事项：对击时手掌左右或上下晃动时。

（2）动作 23-1 侧。

如图 5.151（b）所示，侧面示范动作，左脚内摆。

（3）动作 23-2。

如图 5.151（c）所示，脚落地形成马步，同时，做掌肘对击。

规定动作：掌肘对击与马步同步进行，视线注视进攻方向。

扣分事项：分开做动作或视线不准确时。

（4）动作 23-2 侧。

如图 5.151（d）所示，侧面示范动作，马步掌肘对击。

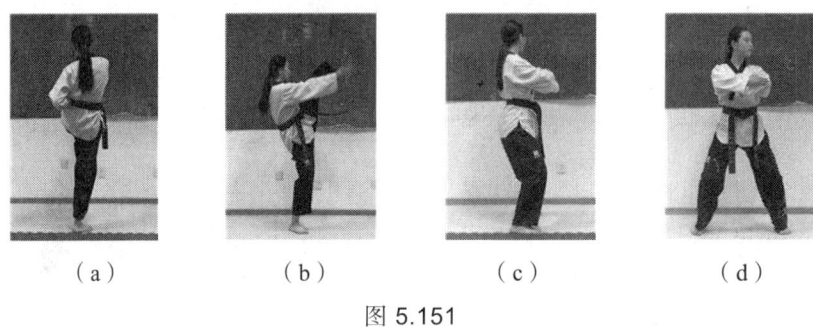

图 5.151

25．动作 24

（1）动作 24（背）。

如图 5.152（a）所示，方向不变，步法不变，左单手刀中外格挡。单手刀中外格挡时，利用腰部力量。

（2）动作 24 侧

如图 5.152（b）所示，侧面示范动作，左单手刀中外格挡。

26．动作 25

如图 5.153 所示，方向不变，以左前脚脚掌为轴旋转 180°，移右脚同时形成马步，同时，做右手直拳并配合发声。

27．还原

如图 5.154 所示，向正前方，以右前脚掌为轴，带动身体向后旋转 180°，左脚回收同时形成还原姿势。

图 5.152　　　　　　图 5.153　　　　　　图 5.154

八、太极八章（坤）

太极八章对应的是太极八卦中的"坤"，具有阴、地、根、稳定与始终的含义，是万物生长发育的根源。太极八章有双手中位外格挡、肘部旋击、前交叉步、勾拳、背拳前击等新动作，新的腿法是跳起 2 次前踢（腾空二段前踢）和原地前踢接跳起前踢，是适用于跆拳道 1 级修炼者的品势。

（1）要点：动作 3-1 与 3-2 起跳前踢时，中间的距离为弓步距离；动作 19 的前踢 2 次是原地第一次前踢落地之前把第二腿前踢动作完成；动作 5 左手下格挡右手上位外格挡（外山式）时双脚尖向上位外格挡方向形成 45°角，动作 6 和动作 8 勾拳时起始动作辅助的手臂与肩部同高，勾拳的拳心向下从胸部开始，节奏是 8 秒，交叉步时，以前脚掌为轴旋转交叉；动作 13-2 和 16-2 弓步直拳动作要明显；动作 14 至 17 的手掌中位内格挡高度是胸口，步法是虎步。

（2）太极八章的行进路线最终形成"王"字，从起点开始，动作结束后又回到起点，共 27 个动作。

1．准备

如图 5.155 所示，面向正前方，形成并排步，做准备姿势。

2．动作 1

如图 5.156 所示，向正前方，左脚向前移步形成右三七步，同时，做双手中位外格挡。
注意：起始动作与手刀格挡相同，双拳的腕部要伸直，格挡手臂的高度是与肩部同高。

3．动作 2

如图 5.157 所示，方向不变，左脚向前移一脚距离，形成左弓步，同时，做右手直拳。
规定动作：直拳时，把拳拉到髋关节后在开始出拳。
扣分事项：直拳时从胸口开始出拳。

图 5.155

图 5.156

图 5.157

4．动作 3

（1）动作 3-1。

如图 5.158（a）所示，向正前方，左脚跳起腾空同时二段前踢。
规定动作：腾空二段前踢后，支撑脚向前落地的距离与弓步距离同宽。
扣分事项：落地后重心不稳或落地的距离比弓步大或小时。

（2）动作 3-2。

如图 5.158（b）所示，方向不变，前踢的左脚向前落地形成左弓步，同时，做左中内格挡，两次直拳。

（3）动作 3-3。

如图 5.158（c）所示，方向不变，步法不变，右手直拳。

（4）动作 3-4。

如图 5.158（d）所示，步法不变，左手直拳。
注意：3-3 和 3-4 动作快速进行。

（a） （b） （c） （d）

图 5.158

5．动作 4

如图 5.159 所示，方向不变，右脚上步形成右弓步，同时，做右手直拳。
注意：弓步与右直拳同步进行。

6．动作 5

如图 5.160 所示，向右方向，以右脚为轴，身体向左旋转 270°。移左脚同时形成右弓步，同时，左手下格挡，右手上位外格挡，简称右外山式格挡。

规定动作：形成弓步时双脚尖形成 45°角，外山式格挡时，双手发力在胸前交叉，然后再向右上位外格挡，和左下格挡同时进行，右上位外格挡的手臂经过面部，动作完成后，腕部与耳部同高。

扣分事项：双脚的角度，格挡手臂的高度不准确或格挡时慢慢进行。

7．动作 6

如图 5.161 所示，方向不变，右脚向左旋转 90°，移左脚同时形成左弓步，并出右勾拳。

规定动作：勾拳时，起始点双拳的拳心向下，然后慢慢旋转击出，辅助手旋转到右肩部，拳心向脸部，格挡节奏是 8 秒。

扣分事项：动作节奏快或动作完成时发力，击的拳从下到上时，辅助的手臂不在肩部。

图 5.159 　　　图 5.160 　　　图 5.161

8．动作 7

（1）动作 7-1。

如图 5.162（a）所示，转向左方向，左脚向右移步形成前交叉步，同时，左外山式格挡的起始动作。

注意：右拳放在左肩部，拳心向脸部，左拳放在右髋关节处，拳心向上。

扣分事项：交叉步不准确。

（2）动作 7-2。

如图 5.162（b）所示，方向不变，右脚向右上步，身体左转成左弓步，并形成左外山式格挡。

注意：视线，上位外格挡的腕部与耳部同高。

规定动作：扣分事项与动作 5 相同。

9．动作 8

如图 5.163 所示，方向不变，左脚向右旋转 90°，移右脚同时形成右弓步，同时，做左勾拳。

注意：格挡节奏是 8 秒。

规定动作：扣分事项与动作 6 相同。

10．动作 9

如图 5.164 所示，转向正前方，以左脚为轴，身体向左旋转 270°，移右脚，左脚在前形成右三七步，同时，手刀中位格挡。

注意：支撑脚旋转时一次旋转到位，旋转后三七步的宽度不能过大和过小。

（a）　　（b）

图 5.162　　　　　　　图 5.163　　　　　　图 5.164

11．动作 10

如图 5.165 所示，方向不变，右脚向左旋转 45°，左脚向前移一脚形成左弓步，同时，做右手中位直拳。

12．动作 11

（1）动作 11-1。

如图 5.166（a）所示，向正前方，右脚前踢。

（2）动作 11-2。

如图 5.166（b）所示，方向不变，前踢的右脚回收形成右虎步，同时，右手在前，做右手掌中位内格挡。

规定动作：前踢后，向后拉腿同时形成虎步和右手掌中内格挡，手掌中内格挡高度与胸口同高。

扣分事项：前踢后，向后拉的距离和格挡的高度不准确时。

13．动作 12

如图 5.167 所示，转向左方向，以右脚为支撑，身体向左旋转 90°，移左脚形成左虎步，同时，左手刀中位外格挡。

（a）　　　　　　　（b）

图 5.165　　　　　图 5.166　　　　　图 5.167

14．动作 13

（1）动作 13-1。

如图 5.168（a）所示，方向不变，左脚原地前踢。

（2）动作 13-2。

如图 5.168（b）所示，方向不变，前踢的左脚向前落地，同时形成左弓步，同时，做右手中位直拳。

注意：左弓步与右直拳同步进行，注意弓步不能过大或过小。

15．动作 14

如图 5.169 所示，方向不变，左脚回收，视线向左方向，形成左虎步，同时，左手掌中内格挡。

16．动作 15

如图 5.170 所示，向右方向，以左前脚掌为轴，身体向右旋转 180°，移右脚形成右虎步，同时右手刀中位外格挡。

注意：旋转的要领是以前脚掌为轴旋转。

扣分事项：虎步的大小。

（a）　　　（b）

图 5.168　　　　　图 5.169　　　　　图 5.170

17．动作 16

（1）动作 16-1。

如图 5.171（a）所示，向右方向，右脚原地前踢。

（2）动作 16-2。

如图 5.171（b）所示，方向不变，前踢的右脚向前落地形成右弓步，同时，做左手中位直拳。

18．动作 17

如图 5.172 所示，右脚向右方向回收形成右虎步，视线向右方向，同时，做右手掌中内格挡。

19．动作 18

（1）动作 18（背）。

如图 5.173（a）所示，转向起点方向，以左脚为轴，右脚向右移步，带动身体向右旋转 90°，形成左三七步，同时，做双手下格挡。

注意：移动时重心的起伏不能过大。

（2）动作 18 侧。

如图 5.173（b）所示，侧面示范动作，左三七步双手下格挡。

   （a）   （b）   （a）   （b）

    图 5.171   图 5.172   图 5.173

20．动作 19

（1）动作 19-1。

如图 5.174（a）所示，向起点方向，左脚前踢。高度与胸口同高。

（2）动作 19-1 侧。

如图 5.174（b）所示，侧面示范动作，左脚前踢。

（3）动作 19-2。

如图 5.174（c）所示，方向不变，原地腾空右脚前踢并配合发声。

规定动作：第一个前踢收回同时交换踢第二个前踢，腾空前踢时，原地交换前踢。

扣分事项：第一腿踢完后向前跳出时。

（4）动作 19-2 侧。

如图 5.174（d）所示，侧面示范动作，原地腾空右脚前踢。

（5）动作 19-3。

如图 5.174（e）所示，方向不变，腾空前踢的右脚向前落地形成右弓步，同时，做右中内格挡。

（6）动作 19-3 侧。

如图 5.174（f）所示，侧面示范动作，右弓步右中内格挡。

（7）动作 19-4。

如图 5.174（g）所示，步法不动，左手直拳。

（8）动作 19-4 侧。

如图 5.174（h）所示，侧面示范动作，左手直拳。

（9）动作 19-5。

如图 5.174（i）所示，步法不动，右手直拳。

（10）动作 19-5 侧。

如图 5.174（j）所示，侧面示范动作，右手直拳。

图 5.174

21．动作 20

如图 5.175 所示，转向左方向，以右脚为轴，身体向左旋转 270°，左脚向左移形成右三七步，左单手刀中外格挡。旋转时用脚前掌，右三七步与格挡动作要同步完成。

22．动作 21

如图 5.176 所示，方向不变，左脚向前移一步，后脚向内侧旋转半脚，形成左弓步，同时，右肘旋击。旋击的高度与下颌同高，弓步与旋击同步进行。

23．动作 22

如图 5.177 所示，步法不动，右手背拳前击。

24．动作 23

如图 5.178 所示，步法不变，左手中位直拳。

25．动作 24

如图 5.179 所示，向右方向，以左脚为轴，身体向右旋转 180°，移右脚形成左三七步，同时，做右手单手刀中外格挡。

图 5.175　　　图 5.176　　　图 5.177　　　图 5.178　　　图 5.179

26．动作 25

如图 5.180 所示，向左方向，右脚向前移一脚，左脚向内侧旋转半脚，形成右弓步，同时，左肘旋击。

27．动作 26

如图 5.181 所示，步法不动，左手背拳前击。

28．动作 27

如图 5.182 所示，步法不变，右手中位直拳。

29．还原

如图 5.183 所示，转向正前方，以右前脚掌为轴，带动身体向后旋转 180°，左脚回收形成还原姿势。

图 5.180　　　图 5.181　　　图 5.182　　　图 5.183

第六章

跆拳道课程选修项目介绍

第一节 跆拳道特技与功力击破项目简介

一、特技概述

跆拳道特技是以伴随弹跳的腾空动作，以腿、脚的击打技术为主的跆拳道进攻动作，主要动作包括直线腾空、斜线腾空、腾空旋转、腾空翻转、腾空（踩踏）借力、助跑腾空飞跃等，分单次、多次以及连续方式击碎目标物（通常使用木板）。与实战相比跆拳道特技更注重的是观赏性和表演性，目前已经被列为全国大众比赛的正式项目。在竞赛与表演中分为单人完成（个人组）和多人组合在规定时间内完成（团体组）的形式进行展示。

二、特技训练要点

特技训练分为三个方面：

第一，协调性；常见的方法例如跳绳、行走平衡木，双手上下在背后抓握，腾空旋转跳跃，向前向后及交叉步奔跑等协调性的训练，教练针对跆拳道练习者的协调进行训练。

第二，爆发力；常见的基本的体能练习有：单腿抱胸跳，做法是下蹲后膝盖尽力向上顶，达到自身极限，与弹踢的基本动作相同，然后用另一条腿带动身体做抱胸跳（也叫收腹跳），每天坚持，循序渐进，逐渐增多。另一个就是膝盖弯曲呈现侧踢伸腿的姿势，用关节顶住，支撑腿向上跳跃，腾空的时候两条腿相互撞击，支撑腿下落，另一条腿保持不动。此动作也需要坚持练习。另有如：立卧撑（俯卧撑加一个跳跃）、蛙跳、负重的蹲起跳等许多的体能训练都对爆发力的提升有很好的效果。

第三，柔韧、耐力和基本功；良好的柔韧对各种高技术动作的发挥都有较大的影响，特技更不例外，因此要坚持以正确的方式积极坚持各部位的柔韧训练。

在进行特技动作的训练时请一定注意关注运动员的安全，要以正确的方式训练，避免受伤，比如一定要在使用垫子的条件下进行训练，教练要做好保护措施，尤其在做例如倒立、翻腾、空翻等动作时更加要做足保护措施。值得提醒的是基本腿法不过硬，会影响特技腿法的训练，所以在学习特技动作前，一定要多练基本功，任何时候也不松懈，才能达到更好的效果！

三、击破概述

跆拳道击破（又称功力击破）是以原地的拳、手刀、肘及伴以旋转发力的腿法动作，最后多用脚击打的跆拳道进攻动作。手部动作击破时双脚不得离开地面，主要的动作有：向下的正拳、背拳、立拳、手刀、侧面的肘击等。脚部的动作包括：（无助跑与借力）横踢、后踢、侧踢、后旋踢等。为体现功力及威力，击破物通常为 3 块以上的木板或瓦片、方砖或大理石，在竞赛中以动作规范、击破数量多者为获胜方。同样，击破项目也已经被列为全国大众比赛的正式项目。在全国的大众比赛中已经使用了可多次重复使用的亚克力材料的专用击破瓦片及方砖，大大提高了环保性与安全性。

四、击破训练要点

击破项目的最佳练习年龄为 16 岁以上，训练着重点在于身体素质、爆发力与腰腿部位稳定性的训练，教练员应当严格引导击破运动员以正确的发力方法进行动作，先从较少数量的击破物开始训练，逐渐增加击破物数量。

值得提醒的是，练习击破的目的不是为了炫耀运动员本身强大的破坏力。目的是使运动员获得更加坚硬的身体从而有效阻挡对手的进攻，即使进攻到对方的骨骼等较为坚硬部位或发生碰撞时也更加不容易受伤。功力击破训练的必要性体现在让自己的技术完全转化为攻击力。

第二节　跆拳道舞（操）项目简介

一、跆拳道舞（操）概述

与跆拳道的起源相类似，跆拳道舞（操）这一武道功夫与曼妙音乐相结合的创意来源，与能歌善舞的朝鲜民族有着分不开的联系，这一创新形式一经亮相就吸引了广大青少年跆拳道爱好者的关注。近年来中国的许多跆拳道爱好者通过网络、实地学习等渠道分享与学习着来自韩国的各种跆拳道舞（操）的表演图片与视频影像，在学习与练习的过程中慢慢融入跆拳道舞（操）里，享受由此带来的青春活力与动感时尚。

二、跆拳道舞（操）创编实例参考

具备了相关的创作班底人员后就可以开始动手创作属于自己团队的跆拳道舞（操）作品，为了使大家尽可能地在创作中不走弯路，作者在这里将列举几个预设主题的策划与编排流程供大家参考与借鉴。

以下为两个虚拟预设主题的流程策划书：

（一）主题 1 "道风浩荡"

1．音乐选择

本主题应选择一些内涵丰富，节奏起伏跌宕、情节化叙事的音乐风格，在音乐中必须有慢速与激烈节奏相结合的元素，可包含少量的不和谐和弦成分与大气辉煌的高潮部分，此类主题音乐可选择影视题材的原声音乐加以编辑制作后使用。

2．操舞人数

本主题舞蹈力求营造大场面与多变队形的气氛与震撼的感染力，因此需要尽可能地争取到最大限度的人员参与，理想人数在10～15人，最好为男女混合表演。

3．动作流程

（1）开场亮相：理想方案应当选择纯艺术舞蹈化的固定原地造型开场，目的在于舞蹈一开始就能以一个大团体的气势令观众集中精神观看，同时也能巧妙地避免由于多人数表演而造成的出场难度。通常这样的开场一般都可以采用较为缓慢的起伏动作象征着某种被放大的事物的初期状态，或表达一种情绪的蔓延与成长。队形处理可采取全体同时也可采取分片或分行、分排不同时间轮次动作的编排方式，但不论选择哪种形式的开场，时间都应控制在15～25秒内，否则将给人以拖沓和感官疲劳的感觉。

（2）主段落：本段落起将舞蹈由虚幻象征的开场逐渐拉到现实中的作用，因此动作与节奏也将随之加快或明显起来，可以用逐渐加快或突然转折加快的编排方式与之前的象征性的开场形成鲜明的对比。动作尽可能地采取中等以下的难度动作以便较为容易的营造出高度整齐划一的效果，但注意一定要表现出应有的力度与功力效果，做到在整齐的群体力度展现中吸引与震撼观众的内心，此阶段理想时间应该在1分钟～1分30秒以内，超过将失去其最佳的观赏视觉限度。

（3）亮点段落：在一大段充满力量与气势的粗线条勾画后整个气氛应该出现一段明显的转折，在这个段落作者建议以一小段细腻的编排去表现和展示主题的内涵与思想的亮点。在这个段落中应当选择独舞表演或双人对手交流表演的形式，其他的表演者可采取暂时的退场或原地固定造型的状态，节奏也应该与前后段都有较为明显的区别与起伏从而丰满整个作品的视觉感受，理想时间应该控制在30～45秒内。

（4）高潮段落：一段细腻且充满内涵的段落后，表演群体再次开始展示更高境界与力量的动作，此部分在整体舞蹈主题中可以象征并代表一种境界的提高或某种力量的复苏，动作的难度可以适当地加大，队形也可以增加变化成分，让观众在更加强烈的视觉冲击中得到充分的感染，最终以一系列较大动作的铺垫后选择最具力度的全体造型结束整个舞蹈。

4．舞蹈风格

此类主题设定的舞蹈作品动作编排应以苍劲有力的风格为主，尽量不要使用太多琐碎的连接动作和乱用队行变换，以免破坏整体的气势，建议采用70%的低级别品势动作元素为基础和30%的高段品势元素为点缀，动作的编排与连接需要考虑其能否有叙事的作用，也就是说把我们基本的品势元素动作加以连接和修饰并赋予语言叙事的功能，在练习中需要每个舞蹈者都能完全领会每个动作需要展现与讲述的内涵与信息。

（二）主题2"炫影霹雳"

1．音乐选择

本主题应选择旋律悦耳节奏明快、富有激情、并有明显时尚潮流色彩的音乐风格，让观众在听到音乐的同时就立刻产生想随之舞动的感觉，此种风格的音乐在目前虽然有较大的选择空间，但请尽量选择那些有着明显的积极向上成分的音乐作品。与上个主题相反的是，在音乐中尽可能地不要出现风格差异较大的转折与段落，使整体始终保持在一种情绪与精神的状态，如有明显的差异与停顿可采用声效技术加以编辑删减制作后使用。

2．操舞人数

本主题舞蹈适合于青少年表演展示，最佳年龄在 14~21 岁之间，由于音乐速率比较欢快而且有较大的跳跃动感所以表演者不宜过多，最佳人数为 5~15 人。此类主题设置的舞蹈作品一般是靠时尚动感的节奏、时尚青春的激情与干净娴熟的率真动态，表现和营造出赏心悦目的视觉感染力。

3．动作流程

（1）开场亮相：理想方案应当选择能够制造出扑面而来的激情动感的动作编排，目的在于作品一开场就能以一幅青春无敌的靓丽画面吸引观众，以先声夺人的气势把观众的情绪最快地调动起来。在队形的处理方面可以采取变化运动的开场形式，以强调动感与活力。给人一种流动与多彩的感觉，开场的时间应控制在 15~25 秒内，否则将给人感官带来疲劳。

（2）进入主段：激烈的开场之后进入了略显平和的主段落，此段的动作与节奏可以有意识地把激烈程度先拉到普通甚至平和的状态，然后再渐渐地加强其幅度与力度，由循规蹈矩的规范动作过渡到跳跃不等的各自展示，以这样的起伏变化显示出年轻一代的成长与冲劲，整体动作速率的编排应当始终把握在 8 个节拍一次起伏或走位变化这样的规律中，让观者始终能够感受到静与动或者规则与不等的映衬与对比。与此同时英气的力量和帅气的展现也是动作演绎的关键展示点，所以在此段落中可采取加入 30%的其他舞蹈成分，如街舞、健身操或土风舞等其他门类的舞蹈风格，但都只能是一种概念化的展现，不可大篇幅的使用，否则将偏离跆拳道舞（操）之本，此段落为本舞蹈的主体结构段落编排要尽可能地把能够做到的队形变化做到极限，但尽量不要有超过两次的重复组合以免破坏气氛，整个段落最佳时间应该控制在 1 分 30 秒~2 分钟内。

（3）高潮结尾：主段落结束后进入此高潮段落，此段建议以展示高水准跆拳道动作为主，编排的目的在于使观众回归欣赏跆拳道的技术与气质。在本段落中尽量不再出现其他舞蹈与艺术成分的痕迹，把观众的感受拉回到跆拳道本身，在此段的动作选择中可以选择以高级别品势动作元素为基础，用大范围的高难度腿法动作元素作为亮点（请注意安全性与成功率的把握）同时也可以采取加入一些搏击自卫术，表演者也要把情绪从欢快娱乐的状态收回至跆拳道精神统一的状态中进行演绎，最终建议以一个或多个高难度高空跳跃或飞行动作紧扣乐句终点结束，最好以干净快速的结束动作收尾，这样可以给观众一种意犹未尽的感官效果，本段落理想时间应该控制在 40~50 秒内。

4．舞蹈风格

此类主题设定的舞蹈作品应当着重刻画时代青少年应有的健康风貌与青春活力，再配上干净整洁的跆拳道服装，使每个人都能焕发出独特的神采。建议采用 60%的低级别品势动作元素为基础、30%的高段品势元素为亮点和 10%的特技动作与腿法为点缀。

三、真实创作花絮

以下为两个在大众比赛中获得冠军的跆拳道舞（操）作品的创作花絮：

1．深圳龙跆拳道表演团跆拳道舞——《穿越》

2006年底在浙江宁波举行的全国大众跆拳道冠军赛中，首次将跆拳道舞（操）列为正式比赛项目。深圳龙跆拳道表演团整合资源选用了一首中国原创歌曲《穿越》创作了5人的跆拳道舞蹈。这个舞蹈的编排方式是将歌曲中蕴涵的主题思想用跆拳道动作转化为舞蹈语言来进行表达演绎，让人们通过视听来接受情绪的感染。歌曲的歌词为"……那么多新的念头，是选择是退缩，翻越几道山脉之后，希望就围绕着我，捉摸不定前方的路，难道放弃去认输，纵情释放内心的风暴，体验那心跳的感觉……"。通过这样的歌词映衬表现了武道思想与拼搏精神，创作者设定了歌词的前段部分，是描述一个武道者从迷茫、放弃、坚持直至成功的心态。编舞者运用了品势动作——金刚吊脚、金刚式、跨步蹲和起立作为一个慢的起手动作，表现了一种在困难的环境下，自我释放、坚持不懈迎接挑战的精神状态。歌词中段（高潮部分）的"向前走，不后悔……"运用了两个小步向前，太极七章推掌动作，加上向前跨大步横手刀推开障碍物的动作表现了人们坚定的信念与毅力。在歌词"去穿越，天空的光芒照绕着我……"中编排了一组有着遐想意义的动作，把双手按次序向头顶的方向打开，代表了天空的光芒；"照绕"把打开的双手，从上至下地慢慢收回自己胸前，同时慢慢地降低动作重心，巧妙地把音乐、歌词、动作和语言连在一起。在整个舞蹈里面多次运用了跆拳道动作加遐想动作的双结合手法，如鸟儿的飞翔动作、金刚式慢起动作等，使得我们所熟悉的跆拳道品势动作附有了更深刻的表现内涵，从而达到了一个新的欣赏境界，带动了整个舞蹈的主题思想与情绪。

此作品在高低起伏的音乐中，配合歌词含义，把大部分的品势动作以不同的速率节奏变化，将技术动作与肢体语言勾勒出了攀缘跋涉、低谷与巅峰等概念，从而表达了一个跆拳道练习者在不畏艰难中走向成功的寓意和情绪。由于动作衔接合理与结构编排巧妙加之五位品势技术精湛的队员演绎的到位，得到了在场观众的一致认同与共鸣，这个作品最终夺得了首个全国跆拳道舞蹈比赛的冠军。

2．深圳龙跆拳道表演团跆拳道舞——《即兴》

2007年8月在珠海举行的第二届全国大众跆拳道锦标赛，深圳龙表演团再次创作了一个名为《即兴》的全新跆拳道舞（操）参加比赛，并再次获得这个项目的冠军。

此次的创作又进行了一次新的尝试，在动作编排中，一改《穿越》起伏跌宕的戏剧成分，确立了接近健身操的表现形式主线，以一系列简洁流畅的普通技术动作加舞蹈中常用的走位旋转作为衔接，力求做到既有亲和力又不失功力难度的健身效果。同时选用了一首充满时尚气息的快节奏音乐，以清晰稳定的韩国节奏旋律、用健康阳光的少男少女队员，营造出了魅力四射的青春气息，充分展现出了他们无穷的力量、勃发的朝气和热情的胸怀，高度褒扬了新一代跆拳道人的精神与气质。

《即兴》整体表演清晰稳定，以基本的跆拳道品势动作为全部动作结构，时尚轻松并且容易掌握，目的在于切合全民健身的主旋律。在轻松愉悦的旋律中，把品势动作急速、连贯地放在里面，并加上旋转、跳跃的动作提升了观赏性。《即兴》音乐的前部分，利用品势特有的左右相对的特点，左右反复达到动作的对称，在左右相对的特点上，还加上了一些游戏里面的动作"波动拳"。在轻快的舞蹈编排中，步伐和空间的快速转移非常重要，从左到右的动作，必须做到一步一个动作，停顿时间小，且路线变换快。6个人的轻快舞蹈，4男2女的组合，

"两个相同的层次动作,紧接着连续三个弓步双手刀向前,后退手刀压插抽臂转身,再向前转身丁步边拳,最后丁步前滑步双手外下挡",将几个简单的动作,连接得非常流畅,从而取得了良好的视听效果。

"活力":在跆拳道舞蹈里面,除了品势动作和舞蹈动作之外,还要在适合的段落加上踢腿。《即兴》舞蹈里面,选择把连续踢腿动作展示出来,"前踢,跳前踢,高踢腿,高低旋踢,加上前踢抛拳作结尾",还有"前踢,旋踢,后旋踢接手部动作,人型大字,向左边甩头,八章勾拳动作"。从一开始没有停顿到减慢速度再到动作突停,除了把跆拳道里面的连续踢腿的活力表现出来以外,在《即兴》舞蹈的中间,加上了一个时尚健身操的动作,"向左(右)方向走交叉步伐",一只手跟着节奏转动,更加把跆拳道舞(操)具体化。

"青春":在《即兴》舞(操)里面的4男2女,都是花季少男少女,在演绎的过程中,脸带灿烂的笑容,在舞蹈的结尾,4个男孩围住2个女孩,摆出一个花瓣的造型,2个女队员在中间如同花蕾,把一束绚丽的花朵展现的大众的眼前。

第七章

跆拳道课程教学大纲制定案例

一、教学目的和要求

1．课程性质

公共体育课之跆拳道专项课程教学大纲，是根据四川大学《公共基础课程教学计划》和学生的自身实际情况而制订的，是一门系统的介绍与讲授跆拳道运动的发展过程、竞赛技术与裁判规则的课程。在课程内容上包括跆拳道的基本技术、基本身体素质、基本战术、比赛意识等几个方面。

2．教学目的与课程任务

（1）本课程以新的《普通高等学校体育与健康课程指导纲要》当中提出的几个主要目标为宗旨，通过跆拳道运动这个载体，让学生借助跆拳道运动，逐步培养学生形成良好的体育锻炼习惯，发展和加深学生对跆拳道这项体育运动的喜爱。

（2）通过跆拳道运动理论和技术实践课的教学，让学生逐步了解跆拳道的基本理论知识，掌握跆拳道的基本动作，全面提高其身体机能与素质。

（3）尤其注重道德品质的修养，把"以礼始、以礼终"的跆拳道精神，始终贯穿于教学中，有意培养学生顽强拼搏和吃苦耐劳的意志品质，为社会培养全面发展的人才。

（4）通过裁判规则与法令的学习，让学生了解跆拳道运动项目的竞赛方法，能够看懂相关竞赛，培养学生的终生体育兴趣。

3．基本课程要求

学习本课程要求学生能够掌握跆拳道运动的基本理论知识、竞赛战术、裁判规则与法令，并能养成良好的锻炼习惯并能持之以恒的加以练习，故能够为终生体育锻炼打下良好基础。

二、课程内容的分布

跆拳道运动在高校及社会各界深受广大爱好者的喜欢，由于受到学校条件和教学时数的限制，因此在教学内容上也有一定的不同。在制定教学大纲时应该结合实际教学情况，选择适当的跆拳道技术而制定。下面举例介绍2学年4学期的跆拳道课程分布情况：

1．理论部分

（1）跆拳道运动的介绍。

① 什么是跆拳道运动；

② 跆拳道运动的起源与发展；

③ 中国跆拳道运动发展概况；

④ 跆拳道运动的内容；
⑤ 跆拳道运动的特点；
⑥ 跆拳道运动的作用；
⑦ 跆拳道运动中的哲理；
⑧ 制订跆拳道等级的意义。
（2）跆拳道运动的级位与段位。
① 中国跆拳道协会级位制度管理办法；
② 中国跆拳道协会统一考级内容；
③ 中国跆拳道协会段位制度。
（3）跆拳道运动的竞赛规则。

2. 基本技术
（1）基本姿势：
① 基本礼仪姿势。
② 基本竞技姿势：（实战准备姿势、实战站位形式——开式站位、实战站位形式——闭式站位）。
③ 基本品势：准备姿势。
（2）基本步法：
① 竞技步法（前进步、后退步、前滑步、后滑步、上步、撤步、前垫步、后垫步、带步、左侧移步、右移步、冲刺步、换步、并步、弧形步、前后转身步）。
② 品势步法（并排步、走步、并步、左右站势、弓步、左右三七步、左右虎步、马步、前后交叉步、左右鹤立步、提膝鹤立步）。
（3）基本手法：
① 击（前手直拳、后手直拳、直拳侧击）。
② 刺（平手尖刺击、扣平手尖刺击）。
③ 打（掌肘对击、肘上击）。
④ 格挡（下格挡、中内格挡、中外格挡、上格挡、手刀中位格挡、单手刀中位外格挡、手刀交叉下格挡、燕子手刀颈部攻击、剪刀格挡、单手刀上位斜外格挡、牛角式格挡、双拳上位侧格挡、山型格挡、反手刀中外格挡）。
（4）基本腿法：
① 竞技腿法（横踢、双飞踢、下劈踢、侧踢、后踢、推踢、勾踢、后旋踢、旋风踢）。
② 品势腿法（前踢、横踢、侧踢、下劈踢、后踢、前旋踢、后旋踢）。
（5）组合腿法：
横踢+后踢、横踢+下劈、横踢+横踢、横踢+后旋踢、横踢+360°横踢、横踢+双飞、横踢+推踢、推踢+双飞、下劈+双飞、双飞+横踢、横踢+横踢+双飞、推踢+横踢+双飞、横踢+360横踢+后踢（后旋踢）。
（6）专项素质：
力量、协调、耐力、速度、柔韧、反应、灵活、意识。

3. 战术策略

（1）进攻策略。

① 直接攻击（抢攻、强攻）。

② 间接攻击。

③ 连续攻击。

（2）反击策略。

① 防守后攻击。

② 同时反击。

③ 迎击。

4. 打靶技术。

（1）原地靶。

（2）移动靶。

（3）反应靶。

（4）组合靶。

5. 教学比赛

结合已学的基本技术、战术、进行简单规则的教学比赛（半条件实战、条件实战、自由实战）。

6. 跆拳道太极品势

太极一章至太极八章。

综上所述，跆拳道教学分为六个部分，即理论部分、基本技术、战术策略、打靶技术、教学比赛、跆拳道太极品势。这六个部分是紧密相连的，也是教师在教学中应该科学地安排教学的。由于战术部分受场地和教学时数的限制，教师可根据这些内容，采取相适合的教学方法和手段，安排教学比赛。

教学比赛主要发展学生的顽强拼搏、勇于奋斗和自我保护能力。更能有效地让学生在课堂中认真学习和加强锻炼的效果。同时也可以检查教学效果，但由于对象不同，对学生不能有过高的要求，但也不能放任自流。

三、教学内容及重难点

1. 理论部分（见表7.1）

表 7.1

章节名称	教学内容	基本要求
1 跆拳道运动的简要介绍 1.1 什么是跆拳道运动 1.2 跆拳道运动的起源与发展 1.3 中国跆拳道运动发展概况	（1）技巧性、群众性、休闲性等。 （2）动作实用、直接、简练，倡导"以礼始、以礼终"的精神。 （3）跆拳道如何将东方哲学融入教学	通过本讲能使学生对跆拳道这项运动有一定了解，教学重点讲授跆拳道运动的文化内涵、现

续表

章节名称	教学内容	基本要求
1.4 跆拳道运动的内容 1.5 跆拳道运动的特点 1.6 跆拳道运动的作用 1.7 跆拳道运动中的哲理 1.8 制订跆拳道等级的意义	的每一个环节、跆拳道的精神。 （4）世界跆拳道运动发展的情况、特点、趋势，世界大赛简介。 （5）中国跆拳道运动发展概况，我国对世界跆拳道运动的贡献	状、发展趋势以及中国对世界跆拳道运动所做出的贡献
2 跆拳道运动的级位与段位 2.1 中国跆拳道协会级位制度管理办法 2.2 中国跆拳道协会统一考级内容 2.3 中国跆拳道协会段位制度	中国跆拳道协会级位管理制度简介，世界跆拳道联盟段位管理制度简介	
*3 跆拳道运动的竞赛规则	竞技跆拳道比赛规则，品势跆拳道比赛规则	

注：下划线为教学重点部分，*为教学难点部分，后同。

2. **实践部分**（见表7.2）

表7.2

章节名称	教学内容	基本要求
1 跆拳道技术 1.1 基本姿势：基本礼仪姿势、基本竞技姿势、基本品势准备姿势。		明确这些姿势的目的、和动作的方法。
1.2 基本步法： 竞技步法（前进步、后退步、前滑步、后滑步、上步、撤步、前垫步、后垫步、带步、左侧移步、右移步、冲刺步、换步、并步、弧形步、前后转身步）。 品势步法（并排步、走步、并步、左右站势、弓步、左右三七步、左右虎步、马步、前后交叉步、左右鹤立步、提膝鹤立步）。	学习跆拳道基本步法：竞技步法（前进步、后退步、前滑步、后滑步、上步、撤步、前垫步、后垫步、带步、左侧移步、右移步、冲刺步、换步、并步、弧形步、前后转身步）。 学习跆拳道基本品势步法（并排步、走步、并步、左右站势、弓步、左右三七步、左右虎步、马步、前后交叉步、左右鹤立步、提膝鹤立步）。	了解各种步法的正确姿势及动作要领，正确理解步法在训练当中的作用。学会步法的节奏变换与腿法技术的组合。
1.3 基本手法：击（前手直拳、后手直拳、直拳侧击）。 刺（平手尖刺击、扣平手尖刺击）。 打（掌肘对击、肘上击）。 格挡（下格挡、中内格挡、中外格挡、上格挡、手刀中位格挡、单手刀中位外格挡、手刀交叉下格挡、燕子手刀颈部攻击、剪刀格挡、单手刀上位斜外格挡、牛角式格挡、双拳上位侧格挡、山型格挡、反手刀中外格挡）。	学习跆拳道基本手法：击（前手直拳、后手直拳、直拳侧击）。 刺（平手尖刺击、扣平手尖刺击）。 打（掌肘对击、肘上击）。 格挡（下格挡、中内格挡、中外格挡、上格挡、手刀中位格挡、单手刀中位外格挡、手刀交叉下格挡、燕子手刀颈部攻击、剪刀格挡、单手刀上位斜外格挡、牛角式格挡、双拳上位侧格挡、山型格挡、反手刀中外格挡）。	掌握手法进攻技术的正确技术要领、起始位置、发力原理并熟悉这些动作的使用方法。 掌握手法防守技术的正确技术要领、起始位置、发力原理并熟悉这些动作的使用方法，学会在使用这些动作保护自己。

续表

章节名称	教学内容	基本要求
1.4 基本腿法：竞技腿法（横踢、下劈踢、侧踢、双飞踢、推踢、后踢、后旋踢、勾踢、旋风踢）。 品势腿法（前踢、横踢、下劈踢、侧踢、后踢、前旋踢、后旋踢）。	学习跆拳道竞技腿法（横踢、下劈踢、双飞踢、侧踢、推踢、后踢、勾踢、后旋踢、旋风踢）。 学习跆拳道品势腿法（前踢、横踢、下劈踢、侧踢、后踢、前旋踢、后旋踢）。	掌握每种腿法的名称、路线、方法、提膝的方向要点等。
1.5 组合腿法（横踢+后踢、横踢+下劈、横踢+横踢、横踢+后旋踢、横踢+360°横踢、横踢+双飞、横踢+推踢、推踢+双飞、下劈+双飞、双飞+横踢+双飞、横踢+横踢+双飞、推踢+横踢+双飞、横踢+360横踢+后踢（后旋踢）。	学习跆拳道组合腿法（横踢+后踢、横踢+下劈、横踢+横踢、横踢+后旋踢、横踢+360°横踢、横踢+双飞、横踢+推踢、推踢+双飞、下劈+双飞、双飞+横踢+双飞、横踢+横踢+双飞、推踢+横踢+双飞、横踢+360横踢+后踢（后旋踢）。	通过本讲学习，使学生了解各项技术的分类，动作步骤，动作要领，教学顺序，教学步骤，常犯错误及纠正。
1.6 专项素质包括：力量、协调、耐力、速度、柔韧、反应、灵活、意识。	辅助练习跆拳道专项素质包括：力量、协调、耐力、速度、柔韧、反应、灵活、意识。	了解专项素质的作用，并学会锻炼方法。
2 战术策略 2.1 进攻策略 2.1.1 直接攻击（抢攻、强攻） 2.1.2 间接攻击 2.1.3 连续攻击 2.2 反击策略 2.2.1 防守后攻击 2.2.2 同时反击 2.2.3 迎击	战术策略知识学习	通过本讲学习，使学生初步了解跆拳道运动的主要战术策略，重点讲解与学生水平相当的战术，初步了解主要战术的教学步骤。主要是根据对手的不同，来改变临场的战术应用。
3 打靶技术 3.1 原地靶 3.2 移动靶 3.3 反应靶 3.4 组合靶	组合打靶技术练习	通过练习来掌握击打时机、距离、准确性、效果。
*4 教学比赛 结合已学的基本技术、战术、进行简单规则的教学比赛（半条件实战、条件实战、自由实战）。	进行教学比赛 结合已学的基本技术、战术、进行简单规则的教学比赛（半条件实战、条件实战、自由实战）。	使学生掌握每个动作的分类、方法、使用要领。明确比赛的性质、方法、和比赛得分标准等。
5 跆拳道太极品势 太极一章 太极二章 太极三章 太极四章 太极五章 太极六章 太极七章 太极八章	学习跆拳道太极品势	通过本讲学习，使学生重点了解跆拳道太极品势的修炼方法。作为跆拳道运动基本的修炼内容，品势技术尤为重要。

3. 学时分配（见表 7.3）

表 7.3　教学内容的课时数分配

学期 教学内容	第一学期	第二学期	第三学期	第四学期	合计
	36	36	36	36	144
基本技术、战术身体素质	30	30	30	30	120
理论	2	2	2	2	8
考试	4	4	4	4	16

四、指定教材和主要参考书

略。

五、成绩评定办法

1. 考核内容及比例

（1）技术水平：占总成绩的50%，记50分；

（2）身体素质：占总成绩的30%，记30分；

（3）理论知识：占总成绩的20%，记20分；

（4）平时考勤：采取从总成绩中直接扣分的方法，最高扣20分；缺席超过总课时三分之一者取消考试资格；全勤不扣分。

注：事假/病假扣1分/次；迟到/早退扣2分/次；旷课扣5分/次。

2. 考核方法与标准

考试内容为礼仪姿态、基本技术打靶、品势、竞技和专项素质。

1）第一学期考核内容

（1）礼仪姿态（立正、向国旗敬礼、向他人敬礼、坐姿、跨立）；

（2）基本技术打靶（前踢、横踢左、右腿打靶）；

（3）品势（太极一章）；

（4）竞技；

（5）专项素质（立卧撑）：1分钟内每做一个记1分，最高30分。男同学立卧撑趴下时，另加一次俯卧撑，女同学可直臂完成。

2）第二学期考核内容

（1）礼仪姿态（立正、向国旗敬礼、向他人敬礼、坐姿、跨立）；

（2）基本技术打靶（前踢、横踢左、右腿打靶）；

（3）品势（太极三章）；

（4）竞技；

（5）专项素质（立卧撑）：1分钟内每做一个记1分，最高30分。男同学立卧撑趴下时，另加一次俯卧撑，女同学可直臂完成。

3）第三学期考核内容

（1）礼仪姿态（立正、向国旗敬礼、向他人敬礼、坐姿、跨立）；

（2）基本技术打靶（前踢、横踢左、右腿打靶）；

（3）品势（太极五章）；

（4）竞技；

（5）专项素质（立卧撑）：1分钟内每做一个记1分，最高30分。男同学立卧撑趴下时，另加一次俯卧撑，女同学可直臂完成。

4）第四学期考核内容

（1）礼仪姿态（立正、向国旗敬礼、向他人敬礼、坐姿、跨立）；

（2）基本技术打靶（前踢、横踢左、右腿打靶）；

（3）品势（太极七章）；

（4）竞技；

（5）专项素质（立卧撑）：1分钟内每做一个记1分，最高30分。男同学立卧撑趴下时，另加一次俯卧撑，女同学可直臂完成。

5）考核方法

（1）四人为一组按照教学大纲规定的内容进行考核，每个人进行品势考试一次，打靶左、右各三次。

（2）第一次考试不及格的情况下，第二次则视为补考，补考最高分为60分。

（3）礼仪姿态占考试分数比例的10%、理论考试占10%、基本打靶技术占20%、品势套路占30%、专项身体素质占30%。

（4）技评标准：

① 礼仪姿态：动作规范（5%），精神面貌良好（5%）。

② 理论考试：正确回答（10%）。

③ 基本打靶技术：动作路线顺畅（5%）、靶位击打准确（5%）、正确发力（5%）、声音气势（5%）。

④ 品势：动作准确（10%）、整套品势线路正确完整（5%）、发声气势（5%）、动作力度（5%）、视线正确（5%）。

（5）身体专项素质：立卧撑跳（30%）。

以上项目得分总和相加为最终得分。

六、教学进度（见表7.4～表7.7）

表7.4　第一学期教学进度

课次	内容与要求	组织教法和要求
1	1.分课。 2.理论部分：跆拳道运动的介绍。 2.1 什么是跆拳道运动； 2.2 跆拳道运动的起源与发展； 2.3 中国跆拳道运动发展概况； 2.4 跆拳道运动的内容。 3.基本姿势。	1.让学生掌握跆拳道的基本理论知识。 2.让学生了解礼仪姿态的重要性

续表

课次	内容与要求	组织教法和要求
2	1.体能恢复练习。 2.基本姿势。 2.1 基本竞技姿势：（实战准备姿势、实战站位形式—开式站位、实战站位形式—闭式站位）； 2.2 基本品势准备姿势。 3. 基本手法：击（前手直拳、后手直拳、直拳侧击）。	1.恢复身体体能。 2.掌握竞技、品势的基本准备姿势。 3.学习基本拳法。
3	1.基本步法。 1.1 竞技步法（前进步、后退步、前滑步、后滑步）； 1.2 品势步法（并排步、走步）。 2.基本手法：刺（平手尖刺击、扣平手尖刺击），打（掌肘对击、肘上击）。	1.学习基本步法。 2.学习基本击打技术。
4	1.基本步法。 1.1 竞技步法（上步、撤步、前垫步、后垫步）； 1.2 品势步法（并步、左右站势）。 2.基本手法：格挡（下格挡、中内格挡、中外格挡、上格挡）。 3.基本腿法：竞技腿法（横踢），品势腿法（前踢）。	1.学习基本竞技和品势的步法。 2.学习基本格挡技术。 3.学习踢击技术。
5	1.基本腿法：竞技腿法（后踢），品势腿法（横踢）。 2.跆拳道太极品势：太极一章。	1.学习基本腿法。 2.学习跆拳道太极品势：太极一章。
6	1.基本腿法：竞技腿法（下劈踢），品势腿法（下劈踢）。 2.跆拳道太极品势：太极一章。	1.学习基本腿法。 2.学习跆拳道太极品势：太极一章。
7	1.基本腿法：竞技腿法（侧踢），品势腿法（侧踢）。 2.跆拳道太极品势：太极一章。	1.学习基本腿法。 2.学习跆拳道太极品势：太极一章。
8	1.基本腿法：竞技腿法（推踢），品势腿法（后踢）。 2.专项素质练习。	学习基本腿法。
9	1.跆拳道太极品势：太极二章。 2.打靶技术原地靶。	1.学习跆拳道太极品势：太极二章。 2.学习原地打靶技术。
10	1.跆拳道太极品势：太极二章。 2.打靶技术移动靶。 3.专项素质练习。	1.学习跆拳道太极品势：太极二章。 2.学习移动打靶技术。
11	1.跆拳道太极品势：太极二章。 2.打靶技术反应靶。	1.学习跆拳道太极品势：太极二章。 2.学习反应打靶技术。
12	1.专项素质练习。 2.打靶技术组合靶。	学习组合打靶技术。
13	1.打靶技术原地靶。	学习原地打靶技术。
14	1.专项素质练习。 2.打靶技术移动靶。	学习移动打靶技术。
15	1.打靶技术反应靶。 2.教学比赛：条件实战。	1.学习反反应打靶技术。 2.条件实战教学。
16	1.专项素质练习。 2.打靶技术：组合靶。 3.教学比赛：条件实战。	1.学习组合打靶技术。 2.条件实战教学。
17	期末专项技术考试	考试要求、标准见大纲
18	期末专项技术补考	考试要求、标准见大纲

表 7.5 第二学期教学进度

课次	内容与要求	组织教法和要求
1	1.分课。 2.理论部分：跆拳道运动的介绍。 2.1 跆拳道运动的特点； 2.2 跆拳道运动的作用； 2.3 跆拳道运动中的哲理； 2.4 制订跆拳道等级的意义。	1.让学生掌握跆拳道的基本理论知识。 2.让学生了解制订跆拳道等级的要性。
2	1.体能恢复练习。 2.基本步法。 2.1 竞技步法（带步、左侧移步、右移步、冲刺步）。 2.2 品势步法（弓步、左右三七步）。	1.恢复身体体能。 2.掌握竞技、品势的基本步法。
3	1.基本步法 1.1 竞技步法（换步、并步、弧形步、前后转身步）。 1.2 品势步法（左右虎步、马步、前后交叉步、左右鹤立步、提膝鹤立步）。 2.基本手法：格挡（手刀中位格挡、单手刀中位外格挡）。 3.基本腿法：竞技腿法（勾踢），品势腿法（前旋踢）。	1.学习基本步法。 2.学习基本格挡。 3.学习基本腿法。
4	1.基本手法：格挡（手刀交叉下格挡、燕子手刀颈部攻击）。 2.基本腿法：竞技腿法（后旋踢），品势腿法（后旋踢）。	1.学习基本竞技和品势的腿法。 2.学习基本格挡技术。
5	1.基本腿法：竞技腿法（双飞踢）。 2.跆拳道太极品势：太极三章。	1.学习基本腿法。 2.学习跆拳道太极品势：太极三章。
6	1.基本腿法：竞技腿法（旋风踢）。 2.跆拳道太极品势：太极三章。	1.学习基本腿法。 2.学习跆拳道太极品势：太极三章。
7	1.组合腿法（横踢+后踢）。 2.跆拳道太极品势：太极三章。	1.学习组合腿法。 2.学习跆拳道太极品势：太极三章。
8	1.组合腿法（横踢+下劈）。 2.专项素质练习。	学习组合腿法。
9	1.跆拳道太极品势：太极四章。 2.打靶技术原地靶。	1.学习跆拳道太极品势：太极四章。 2.学习原地打靶技术。
10	1.跆拳道太极品势：太极四章。 2.打靶技术移动靶。 3.专项素质练习。	1.学习跆拳道太极品势：太极四章。 2.学习移动打靶技术。
11	1.跆拳道太极品势：太极四章。 2.打靶技术反应靶。	1.学习跆拳道太极品势：太极四章。 2.学习反应打靶技术。
12	1.专项素质练习。 2.打靶技术：组合靶。	学习组合打靶技术。
13	1.打靶技术：原地靶。	学习原地打靶技术。

续表

课次	内容与要求	组织教法和要求
14	1.专项素质练习。 2.打靶技术：移动靶。	学习移动打靶技术。
15	1.打靶技术：反应靶。 2.教学比赛：条件实战。	1.学习反应打靶技术。 2.条件实战教学。
16	1.专项素质练习。 2.打靶技术：组合靶。 3.教学比赛：条件实战。	1.学习组合打靶技术。 2.条件实战教学。
17	期末专项技术考试	考试要求、标准见大纲
18	期末专项技术补考	考试要求、标准见大纲

表7.6 第三学期教学进度

课次	内容与要求	组织教法和要求
1	1.分课。 2.理论部分：跆拳道运动的级位与段位。 2.1 中国跆拳道协会级位制度管理办法； 2.2 中国跆拳道协会统一考级内容； 2.3 中国跆拳道协会段位制度。	1.让学生掌握跆拳道的基本理论知识。 2.让学生了解中国跆拳道级位、段位制度。
2	1.体能恢复练习。 2.基本步法：品势步法（前后交叉步、左右鹤立步、提膝鹤立步）。 3.基本手法：格挡（剪刀格挡、单手刀上位斜外格挡）。	1.恢复身体体能。 2.掌握品势的基本步法。 3.掌握基本格挡技术。
3	1.基本手法：格挡（牛角式格挡、双拳上位侧格挡）。 2.组合腿法（横踢+横踢）。	1. 学习基本格挡。 2. 学习组合腿法
4	1.基本手法：格挡（山型格挡、反手刀中外格挡）。 2.组合腿法（横踢+后旋踢）。	1. 学习基本格挡。 2. 学习组合腿法
5	1.跆拳道太极品势：太极五章。 2.组合腿法（横踢+360°横踢）。	1.学习组合腿法。 2.学习跆拳道太极品势：太极五章。
6	1.跆拳道太极品势：太极五章。 2.组合腿法（横踢+双飞）。	1.学习组合腿法。 2.学习跆拳道太极品势：太极五章。
7	1.跆拳道太极品势：太极五章。 2.组合腿法（横踢+推踢）。	1.学习组合腿法。 2.学习跆拳道太极品势：太极五章。
8	1.组合腿法（推踢+双飞）。 2.专项素质练习。	学习组合腿法。
9	1.跆拳道太极品势：太极六章。	学习跆拳道太极品势：太极六章。
10	1.跆拳道太极品势：太极六章。 2.专项素质练习。	学习跆拳道太极品势：太极六章。
11	1.跆拳道太极品势：太极六章。	学习跆拳道太极品势：太极六章。

续表

课次	内容与要求	组织教法和要求
12	1.专项素质练习。 2.教学比赛：自由实战。	1.专项素质练。 2.自由实战教学。
13	1.教学比赛：自由实战。	自由实战教学。
14	1.专项素质练习。 2.教学比赛：自由实战。	自由实战教学。
15	1.教学比赛：自由实战。	自由实战教学。
16	1.专项素质练习。 2.教学比赛：自由实战。	自由实战教学。
17	期末专项技术考试	考试要求、标准见大纲
18	期末专项技术补考	考试要求、标准见大纲

表7.7　第四学期教学进度

课次	内容与要求	组织教法和要求
1	1.分课。 2.理论部分：跆拳道运动的竞赛规则。	1.让学生掌握跆拳道的基本理论知识。 2.让学生了解跆拳道竞赛规则。
2	1.体能恢复练习。 2.组合腿法（下劈+双飞）。	1.恢复身体体能。 2.学习组合腿法
3	1.组合腿法（双飞+横踢+双飞）。	学习组合腿法
4	1.组合腿法（横踢+横踢+双飞）。	学习组合腿法
5	1.跆拳道太极品势：太极七章。 2.组合腿法（推踢+横踢+双飞）。	1.学习组合腿法。 2.学习跆拳道太极品势：太极七章。
6	1.跆拳道太极品势：太极七章。 2.组合腿法（横踢+360横踢+后踢（后旋踢）。	学习组合腿法。 2.学习跆拳道太极品势：太极七章。
7	1.跆拳道太极品势：太极七章。 2.战术策略：进攻策略。	1.学习战术策略。 2.学习跆拳道太极品势：太极七章。
8	1.专项素质练习。	专项素质练习。
9	1.跆拳道太极品势：太极八章。 2.战术策略：直接攻击（抢攻、强攻）。	1.学习战术策略。 2.学习跆拳道太极品势：太极八章。
10	1.跆拳道太极品势：太极八章。 2.战术策略：间接攻击。 3.专项素质练习。	1.学习战术策略。 2.学习跆拳道太极品势：太极八章。
11	1.跆拳道太极品势：太极八章。 2.战术策略：连续攻击。	1.学习战术策略。 2.学习跆拳道太极品势：太极八章。
12	1.战术策略：反击策略。 2.专项素质练习。	1.学习战术策略。 2.专项素质练。
13	1.战术策略：防守后攻击。	学习战术策略。
14	1.专项素质练习。 2.战术策略：同时反击。	学习战术策略。
15	1.战术策略：迎击。 2.教学比赛：自由实战。	1.学习战术策略。 2.自由实战教学。
16	1.专项素质练习。 2.教学比赛：自由实战	自由实战教学。
17	期末专项技术考试	考试要求、标准见大纲
18	期末专项技术补考	考试要求、标准见大纲

第八章

跆拳道课程教案制定案例

如表 18.1～表 18.18 所示为第一学期共 18 次课的跆拳道课程教案制定案例，另有第二学期至第四学期的教案，可以扫描本书扉页的二维码下载阅读。

表 18.1 ××级第一学期第×周第 1 次课

授课内容	跆拳道运动的介绍及基本姿势	
教学目标	1.通过介绍跆拳道的含义、起源和其在世界与中国的发展概况等内容激发学生学习跆拳道的兴趣，让学生掌握跆拳道的基本理论知识。 2.通过学习跆拳道让学生了解礼仪姿态的重要性。 3.通过学习跆拳道让学生建立终身体育的意识，培养学生崇尚礼仪的高尚品质。	
重点	跆拳道的含义与内容	
难点	跆拳道的礼仪	
教法	1.讲授法：讲授重点和难点； 2.演示法：多媒体演示、教师示范性展示； 3.启发法：提问。	
准备部分及内容 15 分钟	1.上课，师生问好。 2.检查学生人数，做好考勤登记。 3.向学生宣布上课内容，学习的重难点，明确学习目标。 一、导入部分 提问：我们有哪些课程是从我们小学开始一直上到大学大家知道呢？具体是哪些课程呢？ 提出思想品德课和体育课，并相应延伸，导出本节课的主题。 二、讲授部分 （一）跆拳道运动的概述 跆拳道运动是一项起源于古代朝鲜半岛，利用手脚部位进行搏击对抗的项目。跆拳道被誉为"踢的艺术""正人之道"，其崇尚品格修炼和高尚武艺一体化的价值观和其所蕴含的东方哲理让其成为魅力无穷的武道体育运动。跆拳道是奥运会正式比赛项目。目前全世界近 200 个国家和地区成为世界跆拳道联盟的会员。	板书 跆拳道运动概述
教学过程及内容 70 分钟	（二）跆拳道的含义 1.跆：脚踢以及与腿部相关的各种攻击和防守； 2.拳：拳打以及与手臂相关的各种攻击和防守； 3.道：在"跆"和"拳"修炼过程中的精神要求，搏击的艺术方法和取胜规律。	跆拳道的含义
	（三）跆拳道的起源与发展 1.起源：古代朝鲜民间武术； 2.发展	跆拳道的起源与发展

续表

教学过程及内容 70分钟	▲1945年以后形成现代跆拳道体系，但名称较多； ▲1954年将自卫术统称为跆拳道； ▲1966年国际跆拳道联盟成立； ▲1973年世界跆拳道联盟成立； ▲1994年奥委会会议把跆拳道列入2000年奥运会比赛项目。	跆拳道的起源与发展
	（四）中国跆拳道运动发展概况 ▲1992年10月，中国跆拳道协会筹备小组正式成立。 ▲1994年5月，在河北省石家庄市正定县举行了首届全国跆拳道教练员裁判员学习班； ▲1995年5月，首届全国跆拳道锦标赛在北京体育大学举行； ▲1996年6月，中国派出了9名运动员参加了在墨尔本举行的第一届亚洲跆拳道锦标赛； ▲1997年9月，中国跆拳道队参加国际跆拳道邀请赛； ▲2004年7月，中国跆拳道协会正式召开成立大会，崔大林任主席，魏纪中任协会顾问。	中国跆拳道运动发展概况
	（五）跆拳道运动的内容 1.礼仪与精神；　　2.基本技术； 3.品势技术；　　　4.对打； 5.自卫术；　　　　6.击破与特技； 7.跆拳道舞；　　　8.双人对抗比赛。	跆拳道运动的内容
	（六）跆拳道运动的基本姿势（基本礼仪姿势） 跆拳道礼仪与我国传统武术道德相似，练习者可以不断地从中吸取智慧，形成一种道德思想观念。跆拳道礼仪不仅具有广泛的适应性，还具备了内外兼修的作用。现在将跆拳道运动的礼仪教育与我国的传统道德思想联系在一起，对提高我校大学生的思想素质教育具有积极的促进作用。 跆拳道奉行"以礼始，以礼终"的尚武精神，以"礼仪、廉耻、忍耐、克己、百折不屈"为根本宗旨。它要求每个练习者在学习与训练的过程中一定要严格遵守礼仪，要学会行礼。跆拳道中的行礼，是表示尊重、谦虚、礼貌、友好和感谢，是一种内心思想的外在表达方式。跆拳道敬礼的要求是：身体面向对方，脚呈并步上身直立，两臂自然置于身体两侧，上体向前倾斜15°，头部前倾约45°，目视地面稍停后，还原成直立态势，整个行礼过程完毕。行礼对象包括：国旗、教练、队友、家长、朋友、老师和一切社会群体等。	跆拳道的基本姿势
课后小结 5分钟	三、课堂小结 1.跆拳道的起源、含义与发展及在中国的发展概况。 2.跆拳道运动的基本内容。 3.跆拳道运动的礼仪礼节。 思考题：跆拳道运动项目与中国武术运动项目有何异同？	

表18.2 ××级第一学期第×周第2次课

授课内容	1.恢复身体体能。 2.学习竞技和品势的基本准备势；了解跆拳道运动中的基本拳法的应用。 3.通过学习，培养学生谦虚、忍耐、能吃苦和坚忍不拔的意志品质。			
课程部分	教学内容	时间	组数次数	组织教法与要求
准备部分 15分钟	一、常规课堂项目： 1.体育委员带领全体同学排队集合、师生相互问好行礼。 2.按花名册点名落实人数、安排见习生的活动。 3.教师简述本次课程的教学内容以及相应的组织要求。	5分钟	2圈	队形： 〇 〇 〇 〇 〇 〇 〇 〇 〇 〇 〇 〇 ⊗ 1.体育委员整队集合，师生相互行礼并向国旗敬礼，教师简述课程内容与要求； 2.检查学生穿着，落实考勤，妥当安排见习生。 要求： 1.以高个同学为排头，成两路纵队绕场地跑两圈，第一圈慢跑，第二圈加速跑。 2.教师喊口令并做示范动作，口令洪亮清晰，示范动作标准有力。
	二、准备活动： 1.全体同学整队集合，排队慢跑 2.徒手操： 伸展运动； 颈部运动； 肩绕环运动； 体转运动； 体侧运动； 正压腿、侧压腿； 活动手腕脚腕。 3.压腿练习	10分钟	2×8拍	要求： 教师喊口令并做示范动作，学生按教师口令，模仿学做。要严格按照教师要求压腿，将韧带压开，这样才有利于后续课程内容的学习。但一定注意限度，切不可过度。
教学过程及内容 70分钟	一、基本姿势 1.跆拳道基本竞技姿势 跆拳道实战姿势是与对手比赛时的准备姿势，亦称为实战式或预备式。 动作要领： 以左势为例（左脚在前为左势，右脚在前叫右势），两脚开立步站立，两脚朝斜方向大约35°，两脚开立与肩同宽。两手半握拳，左拳在前，右拳在后，左手臂弯曲，肘关节夹角约90°左右，左拳与鼻同高，右手臂弯曲，肘关节夹角小于90°左右，大小臂靠近右侧肋部，重心在两脚之间，两手紧护躯干以上部位。	15分钟	10次	教师简明扼要地对跆拳道竞技项目进行介绍。 要求： 1.教师详讲分解动作和注意事项，并从各个角度做示范1~2次； 2.学生听讲解并按要求进行3~4次模仿，教师及时纠正错误动作，巡回指导。

续表

	教学重点：气下沉，紧腰、收腹、含胸。 教学难点：身体放松，重心把握。			
	2.跆拳道基本品势准备势 跆拳道品势准备姿势是品势动作开始前的准备姿势，亦称为并排步或预备式。 动作要领： （1）两脚呈一脚间隔，脚内侧平行分立。 （2）两腿膝关节平伸。 （3）双手半握拳位于腰带结前方一拳的位置，两拳之间间隔一拳的距离，两臂肘关节微曲。 教学重点：注意脚尖的方向。 教学难点：两腿膝关节平伸，身体重心置于两腿之间，保持均衡	10分钟	10次	要求： 1.教师详讲分解动作和注意事项，并从各个角度做示范1～2次； 2.学生听讲解并按要求进行3～4次模仿，教师及时纠正错误动作，巡回指导； 3.教师依据学生课堂掌握情况喊口令，学生听教师口令进行练习。
教学过程及内容 70分钟	3.基本手法：平击 目标为心窝，拳沿着心窝方向直线击出。 （1）前手直拳。 拳与步型左右方向一致的时候即为顺拳或者前手直拳。 动作要领：辅助手与进攻拳指向同一进攻目标。 教学重点：手腕和肘关节不能弯曲。 教学难点：击拳的方向与辅助手及身体的作用力方向、肘关节抬起后再击拳。	15分钟	10次	
	（2）后手直拳。 拳与步型左右方向不一致的时候即为逆拳或者后手直拳。 动作要领：辅助手与进攻拳指向同一进攻目标。 教学重点：手腕和肘关节不能弯曲。 教学难点：击拳的方向与辅助手及身体的作用力方向、肘关节抬起后再击拳。	10分钟	10次	

续表

教学过程及内容 70分钟	（3）直拳侧击。 动作要领：向身体侧向击拳；侧击经常配合马步使用；马步步型，向侧向击拳。 教学重难点：辅助手向击拳方向平伸，回拉的同时正拳侧向击出。	10分钟	10次	
	二、体能恢复练习 提膝20次； 俯卧撑20个； 仰卧起坐20个。	10分钟	3组	
结束部分 5分钟	一、放松活动 1.两人一组相互按摩放松； 2.教师带领同学做拉伸活动； 3.放松思想，去除杂念； 4.简评本节课课程完成情况。 二、宣布下课，师生道别。	5分钟	4×8拍	组织： ○ ○ ○ ○ ○ ○ ○ ○ ○ ○ ⊗ 1.按口令进行放松活动，充分拉伸4个八拍。 2.教师概括性的总结本节课内容的完成情况并针对性的布置学生的课后练习内容。 3.师生相互行礼道别。

表18.3　××级第一学期第×周第3次课

授课内容	1.学习竞技步法前进步、后退步、前滑步、后滑步。 2.学习品势的步法走步和基本手法刺。 3.通过学习，提高学生身体的协调性。			
课程部分	教学内容	时间	组数次数	组织教法与要求
准备部分 15分钟	一、常规课堂项目： 1.体育委员带领全体同学排队集合、师生相互问好行礼。 2.按花名册点名落实人数、安排见习生的活动。 3.教师简述本次课程的教学内容以及相应的组织要求。	5分钟	2圈	队形： ○ ○ ○ ○ ○ ○ ○ ○ ○ ○ ⊗ 1.体育委员整队集合，师生相互行礼并向国旗敬礼，教师简述课程内容与要求； 2.检查学生穿着，落实考勤，妥当安排见习生。 要求： 1.以高个同学为排头，成两路纵队绕场地跑两圈，第一圈慢跑，第二圈加速跑。 2.教师边喊口令边领做，教师自身动作要刚劲有力，伸展充分。

续表

准备部分 15分钟	二、准备活动： 　1.全体同学整队集合，排队慢跑。 　2.徒手操： 　　伸展运动； 　　颈部运动； 　　肩绕环运动； 　　体转运动； 　　体侧运动； 　　正压腿、侧压腿； 　　活动手腕脚腕。 　3.压腿练习。	10分钟	2×8拍	要求： 　教师喊口令并做示范动作，学生按教师口令，模仿学做。要严格按照教师要求压腿，将韧带压开，这样才有利于后续课程内容的学习。但一定注意限度，切不可过度。
教学过程 及内容 70分钟	一、基本步法 　1.跆拳道竞技步法。 　跆拳道步法是根据比赛对手的位置、运动状态情况，通过两腿及身体的协调配合，有目的的移动身体位置的方法。虽然步法是一种非得分技术，但在跆拳道竞技比赛中却起着重要的作用。熟练掌握跆拳道步法是跆拳道运动员比赛取胜的基础。 　（1）前进步。 　动作要领：以左实战式开始为例，两眼目视前方，双脚同时蹬地，使身体获得向前移动的动力，然后双脚随身体一起迅速向前移动一小步，然后继续保持左实战姿势。 　（2）后退步。 　动作要领：以从左实战姿势开始为例，双脚同时蹬地，使身体获得向后移动的动力，然后双脚随身体一起迅速向后移动一小步（约一脚长距离），然后继续保持左实战姿势。 　动作重点：移动过程中两脚的距离不变；双脚要尽量贴地而移动； 　（3）前滑步。 　动作要领：以左实战式开始为例，右腿蹬地，左脚向前滑进约一脚长距离，右腿迅速跟进相同的距离。	35分钟	各10次	教师简明扼要地对跆拳道竞技步法作用进行介绍。 要求： 　1.教师详讲分解动作和注意事项，并从各个角度做示范1~2次； 　2.学生听讲解并按要求进行3~4次模仿，教师及时纠正错误动作，巡回指导； 　3.教师依据学生课堂掌握情况喊口令，学生听教师口令进行练习。

128

				要求：
教学过程及内容 70分钟	（4）后滑步。 动作要领：以从左实战式开始为例，左脚蹬地，右脚向后滑动约一脚长，随即左脚向后跟进约一脚长。 教学重点：在移动过程中，尽量减小身体重心的起伏。两脚的滑进与跟进要贴地而行，后脚跟进距离与前脚前滑的距离相同。			1.教师详讲分解动作和注意事项，并从各个角度做示范1~2次； 2.学生听讲解并按要求进行 3~4 次模仿，教师及时纠正错误动作，巡回指导； 3.教师依据学生课堂掌握情况喊口令，学生听教师口令进行练习。
	2.跆拳道基本品势步法（走步） 动作要领：呈自然向前进行时的样子站立；两腿膝关节平伸，身体重心置于两腿之间，保持平衡；上体直立，并随前腿迈出，身体自然前倾30°。 教学重点：步幅不易过大或者过小，身体幅度。	10分钟	10次	
	二、基本手法 1.基本手法：刺击。 （1）平手尖刺击。 动作要领：进攻目标为对方心窝，辅助手手臂向上，放于肘下方，手尖沿心窝方向直线刺出。 教学重点：肘关节呈自然弯曲状态向前伸出，下压防御的同时手刀从腰间直线刺出。 （2）扣平手尖刺击。 动作要领：进攻目标为对方眼睛、颈部、心窝。 教学重点：手背向上，手尖向前刺出。	15分钟	各10次	
	2.基本手法：打。 （1）掌肘对击。 动作要领：运用腰部旋转的力量带动肘与手掌对击，掌肘对击心窝的位置。 教学重点：腰部旋转发力。 （2）肘上击。 动作要领：肘关节弯曲，拳背向上放于胸前；肘稍高于肩膀；肘横击同时，腰部旋转发力。 教学重点：腰部旋转发力。	10分钟	各10次	

续表

	一、放松活动 1.两人一组相互按摩放松； 2.教师带领同学做拉伸活动； 3.放松思想，去除杂念。 4.简评本节课课程完成情况 二、宣布下课，师生道别。		
结束部分 5分钟	一、放松活动 1.两人一组相互按摩放松； 2.教师带领同学做拉伸活动； 3.放松思想，去除杂念。 4.简评本节课课程完成情况 二、宣布下课，师生道别。	5分钟	组织： ○ ○ ○ ○ ○ ○ ○ ○ ○ ○ ⊗ 1.按口令进行放松活动，充分拉伸4个八拍。 2.教师概括性的总结本节课内容的完成情况并针对性的布置学生的课后练习内容。 3.师生相互行礼道别。

表18.4　××级第一学期第×周第4次课

授课内容	1.学习竞技步法前上步、撤步、前垫步、后垫步。 2.学习品势的步法并步、左右站势。 3.学习基本手法格挡。 4.学习基本腿法竞技腿法横踢、品势腿法前踢。			
课程部分	教学内容	时间	组数次数	组织教法与要求
准备部分 15分钟	一、课堂常规 1.体育委员带领全体同学排队集合、师生相互问好行礼。 2.按花名册点名落实人数、安排见习生的活动。 3.教师简述本次课程的教学内容以及相应的组织要求。	5分钟	2圈	队形： ○ ○ ○ ○ ○ ○ ○ ○ ○ ○ ⊗ 1.体育委员整队集合，师生相互行礼并向国旗敬礼，教师简述课程内容与要求； 2.检查学生穿着，落实考勤，妥当安排见习生。 要求： 1.以高个同学为排头，成两路纵队绕场地跑两圈，第一圈慢跑，第二圈加速跑。 2.教师喊口令并做示范动作，口令洪亮清晰，示范动作标准有力。
	二、准备活动 1.全体同学整队集合，排队慢跑。 2.徒手操： 伸展运动； 颈部运动； 肩绕环运动； 体转运动； 体侧运动； 正压腿、侧压腿； 活动手腕脚腕。 3.压腿练习。	10分钟	2×8拍	要求： 教师喊口令并做示范动作，学生按教师口令，模仿学做。要严格按照教师要求压腿，将韧带压开，这样才有利于后续课程内容的学习。但一定注意限度，切不可过度。

续表

教学过程及内容 70分钟	一、基本步法（学生了解内容） 1.跆拳道竞技步法。 （1）上步。 动作要领：以从左实战式开始为例，以前脚掌为轴，后脚蹬地经前脚内侧向前迈出一步，身体左转，成右实战式。 动作重点：上步时身体各部位要协调一致，步子大小适中，动作要轻松快速。动作过程中，重心要保持平稳，两眼注视目标。 （2）撤步。 动作要领：以从左实战姿势开始为例，以右前脚掌为轴，左脚迅速蹬地经右腿内侧向后撤一步，同时身体向左转动180°，成右实战姿势。 动作重点：步法移动时重心要平稳，动作要迅速，左脚后撤和身体左转要协调一致。目视前方。 （3）前垫步。 动作要领：以左实战式开始为例，身体重心前移，双脚蹬地，右脚向左脚并拢，右脚落地同时，左脚向前迈出一步，成左实战式。 教学重点：身体上下协调，重心起伏不要过大，整个动作要迅速连贯。 （4）后垫步。 动作要领：以左实战式开始为例，身体重心后移，两脚蹬地，左脚向右脚并拢，左脚将要落地时，右脚向后迈出一步，成左实战式。 教学重点：两脚运动时要轻巧迅速。重心移动，全身上下配合协调。尽量减小重心起伏，移动距离要适当。	20分钟	竞技步法各5次	教师简明扼要地对跆拳道竞技步法作用进行介绍，学生把今天学习的步法作为了解内容。 要求： 1.教师详讲分解动作和注意事项，并从各个角度做示范1~2次； 2.学生听讲解并按要求进行3~4次模仿，教师及时纠正错误动作，巡回指导； 3.教师依据学生课堂掌握情况喊口令，学生听教师口令进行练习。

续表

教学过程及内容 70分钟	2.跆拳道基本品势步法（学生了解内容）。 （1）并步。 　动作要领：双脚并齐站立，膝关节完全伸直。 　教学重点：脚尖不能分开。 （2）左右站势。 　动作要领：在并排步基础上，左（右）脚不变，右（左）脚外转90°。 　教学重点：脚外转角度，两脚后跟并到一起。	10分钟	品势步法各5次	要求： 1.教师详讲分解动作和注意事项，并从各个角度做示范1~2次； 2.学生听讲解并按要求进行3~4次模仿，教师及时纠正错误动作，巡回指导； 3.教师依据学生课堂掌握情况喊口令，学生听教师口令进行练习。
	二、基本手法和基本腿法 1.跆拳道基本手法：格挡。 （1）下格挡。 　动作要领：格挡手臂的拳与大腿之间为两个立拳的距离；辅助手拳心向上收回腰间。 　教学重点：下格挡的预备动作，格挡的拳上移至肩膀位置，拳心向自己的侧脸，肘放松，下沉。辅助手拳心向下，向前放松伸直心窝高度。 （2）中内格挡。 　动作要领：手腕要格挡到身体中线的位置，手臂夹角控制在90°~120°，格挡拳向上不超过肩膀，手腕平伸，不可弯曲，辅助手拳心向上收于腰间。 　教学重点：格挡手臂的位置，起始动作或完结动作时，格挡手臂的肘关节抬起或者手腕低于肩膀的情况。 （3）中外格挡。 　动作要领：格挡手臂的拳背面向身体，拳的高度与肩膀齐平，辅助手拳心向上收于腰间。 　教学重点：格挡手臂的夹角，格挡或准备动作时候肘关节的位置。 （4）上格挡。 　动作要领：格挡手臂的手腕位置与身体中心线保持一致，手腕与额头的距离为一个立拳，辅助手收回腰间。 　教学重点：格挡手臂的手腕位置，格挡手腕拳心向外过于旋转。	20分钟	各10次	

续表

教学过程及内容 70分钟	2. 基本腿法 （1）竞技腿法：横踢。 横踢是跆拳道比赛中得分率较高的腿法之一，在比赛中应用十分广泛。横踢技术主要包括后腿横踢、前腿横踢、连续横踢等。 动作要领：提膝时，膝关节夹紧直线向前提膝；横踢动作时，支撑腿要以前脚掌为轴，随横踢动作脚跟逐渐内旋（约180°），横踢发力时，髋关节应展开；髋关节前送，击打的感觉似鞭打动作；横踢时，摆动腿应踢过身体中线约30厘米；小腿弹踢的瞬间，要有一个制动的过程，使击打腿产生鞭打的效果。 教学重点：大小腿折叠紧、髋关节翻转到位、支撑脚转动的位置。 （2）品势腿法：前踢。 踢击头部、进攻部位为前脚掌。 动作要领：提膝，大小腿加紧，膝关节向胸口方向提起后向前伸直，小腿踢出，脚的移动轨迹要沿着目标方向呈一条直线，脚趾向上勾起，脚前掌锁定目标方向，前踢后运用反作用力收回小腿，膝关节折叠，小腿收紧；支撑腿在小腿踢出时脚后跟向前旋转，有助于发力，小腿收回时转回原位置。 教学重点：注意踢击时身体重心平衡的控制。	20分钟 各10次	要求： 1.教师详讲分解动作和注意事项，并从各个角度做示范1~2次； 2.学生听讲解并按要求进行3~4次模仿，教师及时纠正错误动作，巡回指导； 3.教师依据学生课堂掌握情况喊口令，学生听教师口令进行练习。
结束部分 5分钟	一、放松活动 1.两人一组相互按摩放松； 2.教师带领同学做拉伸活动； 3.放松思想，去除杂念； 4.简评本节课程完成情况。 二、本次课程内容结束，师生行礼道别，整理并归还器材。	5分钟 各10次	组织： ○ ○ ○ ○ ○ ○ ○ ○ ○ ○ ⊗ 1.按口令进行放松活动，充分拉伸4个八拍。 2.教师概括性的总结本节课内容的完成情况并针对性的布置学生的课后练习内容。 3.师生相互行礼道别。

表18.5　××级第一学期第×周第5次课

授课内容	1.学习竞技基本腿法后踢。 2.学习品势基本腿法横踢。 3.学习品势太极一章第一部分。			
课程部分	教学内容	时间	组数次数	组织教法与要求
准备部分 15分钟	一、课堂常规 　1.体育委员带领全体同学排队集合、师生相互问好行礼。 　2.按花名册点名落实人数、安排见习生的活动。 　3.教师简述本次课程的教学内容以及相应的组织要求。	5分钟	2圈	队形： 〇　〇　〇　〇　〇 〇　〇　〇　〇　〇 ⊗ 1.体育委员整队集合，师生相互行礼并向国旗敬礼，教师简述课程内容与要求； 2.检查学生穿着，落实考勤，妥当安排见习生。 要求： 1.以高个同学为排头，成两路纵队绕场地跑两圈，第一圈慢跑，第二圈加速跑。 2.教师喊口令并做示范动作，口令洪亮清晰，示范动作标准有力。
准备部分 15分钟	二、准备活动： 　1.全体同学整队集合，排队慢跑 　2.徒手操： 　　伸展运动； 　　颈部运动； 　　肩绕环运动； 　　体转运动； 　　体侧运动； 　　正压腿、侧压腿； 　　活动手腕脚腕。 　3.压腿练习。	10分钟	2×8拍	要求：教师边喊口令边领做，学生学做。学生严格按照教师要求严格压腿，尽可能将韧带压开，但注意压腿时自身限度，防止拉伤。
教学过程 及内容 70分钟	一、基本腿法练习 　1.复习竞技基本腿法：横踢。	5分钟	6次	要求： 教师喊口令，学生练习。
	2.学习竞技基本腿法：后踢。 后踢是跆拳道的主要得分腿法之一。后踢技术主要包括：原地后踢和腾空后踢。用于反击对手进攻躯干或头部。 动作要领：后踢时，上体与踢出腿应在同一平面内，要控制住肩部不要随之转动；提腿时，大小腿应充分夹紧，蓄力待发；转身、提腿、后踢三个动作要连贯有力。腾空后踢双脚同时腾空攻击，推直线出腿腰部自然旋转同时踢腿。 教学重点：提膝靠拢支撑腿，踢击的同时扣肩。	20分钟	10次	要求： 1.教师详讲分解动作和注意事项，并从各个角度做示范1~2次； 2.学生听讲解并按要求进行3~4次模仿，教师及时纠正错误动作，巡回指导； 3.教师依据学生课堂掌握情况喊口令，学生听教师口令进行练习。

续表

	3.复习品势腿法前踢	5分钟	6次	要求： 教师喊口令，学生练习。
	4.学习品势腿法：横踢 　踢击头部、进攻部位为前脚掌和脚背。 　动作要领：身体重心置于支撑腿，踢击的腿膝关节折叠，向胸口方向提起，小腿收紧，身体旋转的同时膝关节伸直，脚背平伸状态下，小腿弹出；支撑腿膝关节伸直，脚后跟完全转向前方，充分支撑身体旋转；横踢完全踢出后，稍稍停滞以增强表现力；横踢轨迹不同于前踢或者侧踢，脚于身体后方提起后旋转，横向进攻；横踢熟练之后，再击打的瞬间会伴随向下的作用力出现。 　教学重点：大小腿折叠紧、髋关节翻转到位、支撑脚转动的位置、勾脚掌踢击。	20分钟	10次	要求： 1.教师详讲分解动作和注意事项，并从各个角度做示范1~2次； 2.学生听讲解并按要求进行3~4次模仿，教师及时纠正错误动作，巡回指导； 3.教师依据学生课堂掌握情况喊口令，学生听教师口令进行练习。
教学过程及内容 70分钟	二、学习跆拳道太极品势（太极一章第一部分） 　太极一章对应的是太极八卦图中的"乾"，具有天、父（阳）的含义，"乾"象征的是万物宇宙的根源，即太初之意，意味着初始和根源，因此是跆拳道品势当中的第一套品势，也可看作是跆拳道规定招式的根源，其特点是以站势和简单的走步为主。 　动作要领：向正前方向，形成并排步做准备姿势。左脚向左移步，带动身体向左旋转90°，同时形成左走步，左下格挡。右脚上步，同时形成右走步，右手直拳。以左前脚掌为轴，右脚向后移步，带动身体向后旋转180°，形成右走步，同时右下格挡。左脚上步，同时形成左走步左手直拳。左脚向左移步，带动身体向左旋转90°，同时形成左弓步，左下格挡。步法不变，右手直拳。	20分钟	5遍	要求： 1.教师详讲分解动作和注意事项，并从各个角度做示范1~2次； 2.学生听讲解并按要求进行3~4次模仿，教师及时纠正错误动作，巡回指导； 3.教师依据学生课堂掌握情况喊口令，学生听教师口令进行练习。

教学过程及内容 70分钟	教学重点：准备姿势拳和拳是一拳距离，拳和道带是一拳距离。脚尖向正前方脚内侧平行，双脚间隔是一脚长距离。走步与直拳同步进行。			
结束部分 5分钟	一、放松活动 1.两人一组相互按摩放松； 2.教师带领同学做拉伸活动； 3.放松思想，去除杂念； 4.简评本节课课程完成情况。 二、本次课程内容结束，师生行礼道别，整理并归还器材。	5分钟		组织： ○ ○ ○ ○ ○ ○ ○ ○ ○ ○ ○ ○ ⊗ 1.按口令进行放松活动，充分拉伸4个八拍。 2.教师概括性的总结本节课内容的完成情况并针对性的布置学生的课后练习内容。 3.师生相互行礼道别。

表18.6 ××级第一学期第×周第6次课

授课内容	1.学习竞技基本腿法下劈腿。 2.介绍品势基本腿法下劈腿。 3.学习品势太极一章第二部分。			
课程部分	教学内容	时间	组数次数	组织教法与要求
准备部分 15分钟	一、课堂常规 1.体育委员带领全体同学排队集合、师生相互问好行礼。 2.按花名册点名落实人数、安排见习生的活动。 3.教师简述本次课程的教学内容以及相应的组织要求。	5分钟	2圈	队形： ○ ○ ○ ○ ○ ○ ○ ○ ○ ○ ○ ○ ⊗ 1.体育委员整队集合，师生相互行礼并向国旗敬礼，教师简述课程内容与要求； 2.检查学生穿着，落实考勤，妥当安排见习生。 要求： 1.以高个同学为排头，成两路纵队绕场地跑两圈，第一圈慢跑，第二圈加速跑。 2.教师喊口令并做示范动作，口令洪亮清晰，示范动作标准有力。

续表

准备部分 15分钟	二、准备活动： 1.全体同学整队集合，排队慢跑 2.徒手操： 伸展运动； 颈部运动； 肩绕环运动； 体转运动； 体侧运动； 正压腿、侧压腿； 活动手腕脚腕。 3.压腿练习。	10分钟	2×8拍	要求： 教师边喊口令边领做，学生学做。学生严格按照教师要求严格压腿，尽可能将韧带压开，但注意压腿时自身限度，防止拉伤。
教学过程 及内容 70分钟	一、基本腿法练习 1.复习竞技腿法横踢和后踢。	5分钟	各6次	要求： 教师喊口令，学生练习。
	2.学习竞技腿法：下劈腿。 下劈也称之为劈腿。这个技术即可以用于进攻又可以用于反击，主要用来攻击对手头部。 动作要领：右腿上摆时，大腿应放松，踝关节应举过头顶，身体重心应向高起；动作要迅速有力，支撑脚脚跟要离地，同时髋关节上送；向下劈落时，踝关节应放松；向下劈落时要有控制。 教学重点：提膝快和高，同时送髋，下劈腿落时要有控制。 3.复习品势腿法前踢和横踢。 4.介绍品势腿法：下踢腿。	30分钟	各10次	要求： 1.教师详讲分解动作和注意事项，并从各个角度做示范1~2次； 2.学生听讲解并按要求进行3~4次模仿，教师及时纠正错误动作，巡回指导； 3.教师依据学生课堂掌握情况喊口令，学生听教师口令进行练习。
	二、学习跆拳道太极品势 1.复习太极一章第一部分	5分钟	2遍	要求： 教师喊口令，学生练习。
	2.学习太极一章第二部分 动作要领：右脚向前跟步，身体同时向右旋转90°，形成右走步，同时，左中内格挡。左脚上步，同时形成左走步，右手直拳。脚向后移步，带动身体向后旋转180°，形成左走步，同时，右中内格挡。右脚上步，同时形成右走步，左手直拳。 右脚向右移步，带动身体向右旋转90°，同时形成右弓步，同时，右下格挡。步法不变，左手直拳。 教学重点：走步与直拳同步进行。	30分钟	各6次	要求： 1.教师详讲分解动作和注意事项，并从各个角度做示范1~2次； 2.学生听讲解并按要求进行3~4次模仿，教师及时纠正错误动作，巡回指导； 3.教师依据学生课堂掌握情况喊口令，学生听教师口令进行练习。

结束部分 5分钟	一、放松活动 1.两人一组相互按摩放松； 2.教师带领同学做拉伸活动； 3.放松思想，去除杂念； 4.简评本节课课程完成情况。 二、本次课程内容结束，师生行礼道别，整理并归还器材。	5分钟		组织： ○ ○ ○ ○ ○ ○ ○ ○ ○ ○ ○ ○ ⊗ 1.按口令进行放松活动，充分拉伸4个八拍。 2.教师概括性的总结本节课内容的完成情况并针对性的布置学生的课后练习内容。 3.师生相互行礼道别。

表 18.7 ××级第一学期第×周第 7 次课

授课内容	1.学习竞技基本腿法侧踢。 2.学习品势基本腿法侧踢。 3.学习品势太极一章第三部分。			
课程部分	教学内容	时间	组数次数	组织教法与要求
准备部分 15分钟	一、课堂常规： 1.体育委员带领全体同学排队集合、师生相互问好行礼。 2.按花名册点名落实人数、安排见习生的活动。 3.教师简述本次课程的教学内容以及相应的组织要求。	5分钟	2圈	队形： ○ ○ ○ ○ ○ ○ ○ ○ ○ ○ ○ ○ ⊗ 1.体育委员整队集合，师生相互行礼并向国旗敬礼，教师简述课程内容与要求； 2.检查学生穿着，落实考勤，妥当安排见习生。 要求： 1.以高个同学为排头，成两路纵队绕场地跑两圈，第一圈慢跑，第二圈加速跑。 2.教师喊口令并做示范动作，口令洪亮清晰，示范动作标准有力。
	二、准备活动： 1.全体同学整队集合，排队慢跑 2.徒手操： 伸展运动； 颈部运动； 肩绕环运动； 体转运动； 体侧运动； 正压腿、侧压腿； 活动手腕脚腕。 3.压腿练习。	10分钟	2×8拍	要求： 教师边喊口令边领做，学生学做。学生严格按照教师要求严格压腿，尽可能将韧带压开，但注意压腿时自身限度，防止拉伤。

续表

教学过程及内容 70分钟	一、基本腿法练习 1.复习竞技腿法横踢、后踢和下劈腿。	15分钟	各5次	要求： 教师喊口令，学生练习。
	2.学习竞技腿法：侧踢 侧踢是跆拳道常用的腿法之一，不仅可以直接攻击对手，还可以有效地堵击和迎击对手，踢击对手躯干和头部。 动作要领：提膝时，膝关节夹紧向前直线提起，提膝、转体与踢击要协调连贯。踢击时要转体、展髋，上体略侧倾，踢击目标的瞬间髋、膝、腿应在同一平面内。动作完成后，应按原路线返回。 教学重点：提膝时膝关节夹紧，踢击目标的瞬间髋、膝、腿在同一平面上。	15分钟	10次	要求： 1.教师详讲分解动作和注意事项，并从各个角度做示范1~2次； 2.学生听讲解并按要求进行3~4次模仿，教师及时纠正错误动作，巡回指导。 3.教师依据学生课堂掌握情况喊口令，学生听教师口令进行练习。
	3.复习品势腿法前踢、横踢	5分钟	各5次	要求： 教师喊口令，学生练习。
	4.学习品势腿法：侧踢。 攻击部位为脚刀和脚后跟。 动作要领：小腿夹紧，膝关节向对侧胸口方向提起，同时身体向出腿的方向旋转；踢出的瞬间，髋关节翻转，视线平视目标；整个动作从提膝开始，以支撑脚前脚掌为轴转动，脚后跟转向前方，膝关节伸直；踢出的瞬间上体不易过于后仰。 教学重点：膝关节夹紧，脚型控制，髋关节翻转，视线，上体的控制。	10分钟	10次	要求： 1.教师详讲分解动作和注意事项，并从各个角度做示范1~2次； 2.学生听讲解并按要求进行3~4次模仿，教师及时纠正错误动作，巡回指导。 3.教师依据学生课堂掌握情况喊口令，学生听教师口令进行练习。
	二、学习跆拳道太极品势 1.复习太极一章第一部分和第二部分。	5分钟	各3遍	要求： 教师喊口令，学生练习。

续表

教学过程及内容 70分钟	2.学习太极一章第三部分。 动作要领：左脚向前跟步，身体同时向左旋转90°。同时形成左走步，左上格挡。右脚前踢。前踢的右脚向前落地，同时形成右走步，右手直拳。右脚向后移步，带动身体向后旋转180°，同时形成右走步，右上格挡。左脚前踢。前踢的左脚向前落地，同时形成左走步，左手直拳。左脚向右移步，带动身体向右旋转90°，同时形成左弓步，左手下格挡。右脚向前移，同时形成右弓步，右手直拳—配合发声。以右前脚掌为轴，带动身体向后旋转180°，左脚回收同时形成并排步做还原姿势。 教学重点：踢腿时双拳放到胸前。走步与直拳同时。收势时脚内侧平行，两脚间隔是一脚长距离。	20分钟	5遍	要求： 1.教师详讲分解动作和注意事项，并从各个角度做示范1~2次； 2.学生听讲解并按要求进行3~4次模仿，教师及时纠正错误动作，巡回指导。 3.教师依据学生课堂掌握情况喊口令，学生听教师口令进行练习。
结束部分 5分钟	一、放松活动 1.两人一组相互按摩放松； 2.教师带领同学做拉伸活动； 3.放松思想，去除杂念； 4.简评本节课课程完成情况。 二、本次课程内容结束，师生行礼道别，整理并归还器材。	5分钟		组织： 〇 〇 〇 〇 〇 〇 〇 〇 〇 〇 〇 〇 ⊗ 1.按口令进行放松活动，充分拉伸4个八拍。 2.教师概括性的总结本节课内容的完成情况并针对性的布置学生的课后练习内容。 3.师生相互行礼道别。

表18.8　××级第一学期第×周第8次课

授课内容	1.学习竞技基本腿法推踢。 2.学习品势基本腿法后踢。 3.专项素质练习。			
课程部分	教学内容	时间	组数次数	组织教法与要求
准备部分 15分钟	一、课堂常规： 1.体育委员带领全体同学排队集合、师生相互问好行礼。 2.按花名册点名落实人数、安排见习生的活动。 3.教师简述本次课程的教学内容以及相应的组织要求。	5分钟	2圈	队形： 〇 〇 〇 〇 〇 〇 〇 〇 〇 〇 〇 〇 ⊗ 1.体育委员整队集合，师生相互行礼并向国旗敬礼，教师简述课程内容与要求； 2.检查学生穿着，落实考勤，妥当安排见习生。

续表

准备部分 15分钟	二、准备活动： 1.全体同学整队集合，排队慢跑 2.徒手操： 伸展运动； 颈部运动； 肩绕环运动； 体转运动； 体侧运动； 正压腿、侧压腿； 活动手腕脚腕。 3.压腿练习。	10分钟 2×8拍	要求： 1.以高个同学为排头，成两路纵队绕场地跑两圈，第一圈慢跑，第二圈加速跑。 2.教师喊口令并做示范动作，口令洪亮清晰，示范动作标准有力。 要求：教师边喊口令边领做，学生学做。学生严格按照教师要求严格压腿，尽可能将韧带压开，但注意压腿时自身限度，防止拉伤。
教学过程及内容 70分钟	一、基本腿法练习 1.复习竞技腿法横踢、后踢、下劈腿和侧踢。	10分钟 各5次	要求： 教师喊口令，学生练习。
	2.学习竞技腿法：推踢。 推踢属于直线攻击腿法攻击对手躯干。 动作要领：提膝时，大小腿应夹紧。推踢时，腿法运行的路线应是水平向前的；推踢时，髋关节应向前送，应利用身体重心的前移来加大腿法的力量。 教学重点：膝关节夹紧、送髋。	20分钟 10次	要求： 1.教师详讲分解动作和注意事项，并从各个角度做示范1~2次； 2.学生听讲解并按要求进行3~4次模仿，教师及时纠正错误动作，巡回指导； 3.教师依据学生课堂掌握情况喊口令，学生听教师口令进行练习。
	3.复习品势腿法前踢、横踢和侧踢。	10分钟 各5次	要求： 教师喊口令，学生练习。
	4.介绍品势腿法：后踢。	10分钟	
	二、专项素质练习 1.提膝20次； 2.立卧撑跳10个； 3.柔韧练习。	20分钟 3组	
结束部分 5分钟	一、放松活动 1.两人一组相互按摩放松； 2.教师带领同学做拉伸活动； 3.放松思想，去除杂念； 4.简评本节课课程完成情况。 二、本次课程内容结束，师生行礼道别，整理并归还器材	5分钟	组织： ○ ○ ○ ○ ○ ○ ○ ○ ○ ○ ⊗ 1.按口令进行放松活动，充分拉伸4个八拍。 2.教师概括性的总结本节课内容的完成情况并针对性的布置学生的课后练习内容。 3.师生相互行礼道别。

表 18.9 ××级第一学期第×周第 9 次课

授课内容	1.学习品势太极二章第一部分。 2.学习竞技腿法原地打靶技术 3.通过学习，培养学生团结协作的精神。			
课程部分	教学内容	时间	组数次数	组织教法与要求
准备部分 15 分钟	一、课堂常规 1.体育委员带领全体同学排队集合、师生相互问好行礼。 2.按花名册点名落实人数、安排见习生的活动。 3.教师简述本次课程的教学内容以及相应的组织要求。	5 分钟	2 圈	队形： ○ ○ ○ ○ ○ ○ ○ ○ ○ ○ ⊗ 1.体育委员整队集合，师生相互行礼并向国旗敬礼，教师简述课程内容与要求； 2.检查学生穿着，落实考勤，妥当安排见习生。 要求： 1.以高个同学为排头，成两路纵队绕场地跑两圈，第一圈慢跑，第二圈加速跑。 2.教师喊口令并做示范动作，口令洪亮清晰，示范动作标准有力。
	二、准备活动： 1.全体同学整队集合，排队慢跑 2.徒手操： 伸展运动； 颈部运动； 肩绕环运动； 体转运动； 体侧运动； 正压腿、侧压腿； 活动手腕脚腕。 3.压腿练习。	10 分钟	2×8 拍	要求：教师喊口令并做示范动作，学生按教师口令，模仿学做。要严格按照教师要求压腿，将韧带压开，这样才有利于后续课程内容的学习。但一定注意限度，切不可过度。
教学过程及内容 70 分钟	一、跆拳道品势练习 1.复习品势太极一章。	10 分钟	5 遍	要求： 教师喊口令，学生练习。
	2.学习品势太极二章第一部分内容。 太极二章对应的是太极八卦图中的"兑"，具有外柔内刚的含义。修炼太极二章可以学习基本的挡和踢的动作。新的品势动作包括前踢和上位直拳。太极二章招式看似绵软，但其是以进一步锻炼身体协调性为目标，特别是对身体重心的起伏有严格的要求，可随时发生强烈的攻击。	20 分钟	各 5 次	要求： 1.教师详讲分解动作和注意事项，并从各个角度做示范 1~2 次； 2.学生按要求进行模仿练习，教师指导，并纠正错误动作； 3.教师依据学生课堂掌握情况喊口令，学生听教师口令进行练习。

续表

教学过程及内容 70分钟	动作要领：呈并排步做准备姿势。左脚向左移步，带动身体向左旋转90°，形成左走步，同时，做左下格挡。右脚上步，同时形成右弓步，并同步做右手直拳。右脚向右移步，带动身体向右旋转180°，形成右走步，同时，做右下格挡。左脚上弓步，左手直拳。左脚向左移步，带动身体向左旋转90°，形成左走步，同时，右中内格挡。右脚上步形成右走步，同时，做左中内格挡。 教学重点：左弓步和直拳同步进行，移动时要注意重心的起伏不能过大。		
	二、打靶技术练习 1.复习竞技腿法横踢、后踢、下劈腿、侧踢等腿踢技术 2.学习原地打靶技术。 动作要领：身体放松；动作流畅；击打准确。 教学重点：身体放松；动作正确。	40分钟	各3次	组织： ○○○○○ ○○○○○ ⊗ 要求： 1.教师详讲分解动作和注意事项，并从各个角度做示范1·2次； 2.学生按要求进行模仿练习2~3次，教师轮回指导并纠正错误动作。 3.教师依据学生课堂掌握情况喊口令，学生听教师口令进行练习。 4.一组拿靶，另一组打靶，相互交换。
结束部分 5分钟	一、放松活动 1.两人一组相互按摩放松； 2.教师带领同学做拉伸活动； 3.放松思想，去除杂念； 4.简评本节课课程完成情况。 二、本次课程内容结束，师生行礼道别，整理并归还器材。	5分钟	组织： ○○○○○ ○○○○○ ⊗ 1.按口令进行放松活动，充分拉伸4个八拍。 2.教师概括性的总结本节课内容的完成情况并针对性的布置学生的课后练习内容。 3.师生相互行礼道别。

表 18.10　××级第一学期第×周第 10 次课

授课内容	1.学习品势太极二章第二部分。 2.学习竞技腿法移动打靶技术。 3.专项素质练习。			
课程部分	教学内容	时间	组数次数	组织教法与要求
准备部分 15 分钟	一、课堂常规： 　1.体育委员带领全体同学排队集合、师生相互问好行礼。 　2.按花名册点名落实人数、安排见习生的活动。 　3.教师简述本次课程的教学内容以及相应的组织要求。	5 分钟	2 圈	队形： ○ ○ ○ ○ ○ ○ ○ ○ ○ ○ ○ ○ 　　　⊗ 1.体育委员整队集合，师生相互行礼并向国旗敬礼，教师简述课程内容与要求； 2.检查学生穿着，落实考勤，妥当安排见习生。 要求： 1.以高个同学为排头，成两路纵队绕场地跑两圈，第一圈慢跑，第二圈加速跑。 2.教师喊口令并做示范动作，口令洪亮清晰，示范动作标准有力。
	二、准备活动： 1.全体同学整队集合，排队慢跑 2.徒手操： 　伸展运动； 　颈部运动； 　肩绕环运动； 　体转运动； 　体侧运动； 　正压腿、侧压腿； 　活动手腕脚腕。 3.压腿练习。	10 分钟	2×8 拍	要求：教师边喊口令边领做，学生学做。学生严格按照教师要求严格压腿，尽可能将韧带压开，但注意压腿时自身限度，防止拉伤。
教学过程 及内容 70 分钟	一、跆拳道品势练习 1.复习品势太极一章、太极二章第一部分内容。	10 分钟	各 3 遍	要求： 教师喊口令，学生练习。
	2.学习品势太极二章第二部分内容。 动作要领：左脚向左移步，带动身体向左旋转 90°，左走步，同时，做左下格挡。右脚前踢。前踢的右腿向前落地形成右弓步，同时，右手上位直	20 分钟	5 遍	要求： 1.教师详讲分解动作和注意事项，并从各个角度做示范 1~2 次； 2.学生听讲解并按要求进行 3~4 次模仿，教师及时纠正错误动作，巡回指导； 3.教师依据学生课堂掌握情况喊口令，学生听教师口令进行练习。

教学过程及内容 70分钟	拳。以左前脚掌为轴旋转，右脚向后移步，带动身体向右旋转180°形成右走步，同时，做右下格挡。左脚前踢。前踢的左脚向前落地形成左弓步，同时，做左手直拳。左脚向左移步带动身体向左旋转90°形成左走步，同时，做左上格挡。右脚上步形成右走步，同时，做右上格挡。 教学重点：上位直拳攻击的高度是人中。走步和格挡要同步进行。走步的宽度不能过大或过小。			
	二、打靶技术练习 1.复习竞技腿法横踢、后踢、下劈腿、侧踢等踢腿技术。 2.复习竞技腿法原地打靶技术。 3.学习竞技腿法移动打靶技术。 动作要领：步法和腿法结合要连贯；击打准确；身体放松。 教学重点：动作衔接连贯。	40分钟	各3次	要求： 教师喊口令，指导学生，并纠正错误动作，学生练习。 组织： 〇〇〇〇〇 〇〇〇〇〇 ⊗ 要求： 1.教师详讲分解动作和注意事项，并从各个角度做示范1~2次； 2.学生按要求进行模仿练习2~3次，教师轮回指导并纠正错误动作。 3.教师依据学生课堂掌握情况喊口令，学生听教师口令进行练习。 4.一组拿靶，另一组打靶，相互交换。
结束部分 5分钟	一、放松活动 1.两人一组相互按摩放松； 2.教师带领同学做拉伸活动； 3.放松思想，去除杂念； 4.简评本节课课程完成情况。 二、本次课程内容结束，师生行礼道别，整理并归还器材。	5分钟		组织： 〇〇〇〇〇 〇〇〇〇〇 ⊗ 1.按口令进行放松活动，充分拉伸4个八拍。 2.教师概括性的总结本节课内容的完成情况并针对性的布置学生的课后练习内容。 3.师生相互行礼道别。

表 18.11　××级第一学期第×周第 11 次课

授课内容	1.学习品势太极二章第三部分。 2.学习竞技腿法反应打靶技术。 3.培养学生的配合能力和协调能力。			
课程部分	教学内容	时间	组数次数	组织教法与要求
准备部分 15 分钟	一、课堂常规 1.体育委员带领全体同学排队集合、师生相互问好行礼。 2.按花名册点名落实人数、安排见习生的活动。 3.教师简述本次课程的教学内容以及相应的组织要求。	5 分钟	2 圈	队形： ○ ○ ○ ○ ○ ○ ○ ○ ○ ○ ⊗ 1.体育委员整队集合，师生相互行礼并向国旗敬礼，教师简述课程内容与要求； 2.检查学生穿着，落实考勤，妥当安排见习生。 要求： 1.以高个同学为排头，成两路纵队绕场地跑两圈，第一圈慢跑，第二圈加速跑。 2.教师喊口令并做示范动作，口令洪亮清晰，示范动作标准有力。
	二、准备活动 1.全体同学整队集合，排队慢跑。 2.徒手操： 伸展运动； 颈部运动； 肩绕环运动； 体转运动； 体侧运动； 正压腿、侧压腿； 活动手腕脚腕。 3.压腿练习。	10 分钟	2×8 拍	要求：教师边喊口令边领做，学生学做。学生严格按照教师要求严格压腿，尽可能将韧带压开，但注意压腿时自身限度，防止拉伤。
教学过程及内容 70 分钟	一、跆拳道品势练习 1.复习品势太极一章、太极二章第一部分和第二部分内容。	10 分钟	各 3 遍	要求： 教师喊口令，学生练习。
	2.学习品势太极二章第三部分内容。 动作要领：左脚向左移步，带动身体向左旋转 270 度形成左走步，同时，做右中内格挡。右脚向后移步，带动身体向右侧旋转 180°形成右走步，同时，做左中内格挡。左脚向左侧移步，带动身体向左旋转 90°形成左走步，同时，做左下格挡。右脚前踢。前踢的右腿向前落	20 分钟	5 遍	要求： 1.教师详讲分解动作和注意事项，并从各个角度做示范 1~2 次； 2.学生听讲解并按要求进行 3~4 次模仿，教师及时纠正错误动作，巡回指导； 3.教师依据学生课堂掌握情况喊口令，学生听教师口令进行练习。

续表

教学过程及内容 70分钟	地形成右走步，同时，做右手直拳。左腿前踢。前踢的左脚向前落地形成左走步，同时，做左手直拳。右脚前踢。前踢的右脚向前落地形成右走步，同时，做右手直拳并配合发声。以右前脚掌为轴，带动身体向后旋转180°，左脚回收形成还原姿势。 教学重点：旋转时支撑脚一次旋转并和格挡同步完成。移动时脚底不能有碎步。 扣分事项：走步距离过大或过小时。		
	二、打靶技术练习 1.复习竞技腿法横踢、后踢、下劈腿、侧踢等踢腿技术。 2.复习竞技腿法原地打靶技术和移动打靶技术。 3.学习竞技腿法反应打靶技术。 动作要领：注意力集中，判断动作要正确；击打准确；身体放松。 教学重点：动作判断要快和正确。	40分钟 各3次	要求： 教师喊口令，指导学生，并纠正错误动作，学生练习。 组织： 〇〇〇〇〇〇 〇〇〇〇〇〇 ⊗ 要求： 1.教师详讲分解动作和注意事项，并从各个角度做示范1~2次； 2.学生按要求进行模仿练习2~3次，教师轮回指导并纠正错误动作。 3.教师依据学生课堂掌握情况喊口令，学生听教师口令进行练习。 4.一组拿靶，另一组打靶，相互交换。
结束部分 5分钟	一、放松活动 1.两人一组相互按摩放松； 2.教师带领同学做拉伸活动； 3.放松思想，去除杂念； 4.简评本节课课程完成情况。 二、本次课程内容结束，师生行礼道别，整理并归还器材。	5分钟	组织： 〇〇〇〇〇〇 〇〇〇〇〇〇 ⊗ 1.按口令进行放松活动，充分拉伸4个八拍。 2.教师概括性的总结本节课内容的完成情况并针对性的布置学生的课后练习内容。 3.师生相互行礼道别。

表18.12　××级第一学期第×周第12次课

授课内容	1.专项身体素质 2.学习竞技腿法组合打靶技术。 3.培养学生的配合能力和协调能力。			
课程部分	教学内容	时间	组数次数	组织教法与要求
准备部分 15分钟	一、常规课堂项目 1.体育委员带领全体同学排队集合、师生相互问好行礼。 2.按花名册点名落实人数、安排见习生的活动。 3.教师简述本次课程的教学内容以及相应的组织要求。	5分钟	2圈	队形： 　○　○　○　○　○ 　○　○　○　○　○ 　　　　　⊗ 1.师生相互问好后，简明扼要地讲述授课内容及要求； 2.检查学生穿着，落实考勤，妥当安排见习生。 要求： 1.以高个同学为排头，成两路纵队绕场地跑两圈，第一圈慢跑，第二圈加速跑。 2.教师喊口令并做示范动作，口令洪亮清晰，示范动作标准有力。
	二、准备活动： 1.全体同学整队集合，排队慢跑 2.徒手操： 伸展运动； 颈部运动； 肩绕环运动； 体转运动； 体侧运动； 正压腿、侧压腿； 活动手腕脚腕。 3.压腿练习。	10分钟	2×8拍	要求：教师边喊口令边领做，学生学做。学生严格按照教师要求严格压腿，尽可能将韧带压开，但注意压腿时自身限度，防止拉伤。
教学过程 及内容 70分钟	一、专项素质练习 1.提膝20次； 2.立卧撑跳15次； 3.50米冲刺跑。 教学重点：增强爆发力，提高速度。	30分钟	各3组	要求： 教师喊口令，指导学生，并纠正错误动作，学生练习。
	二、打靶技术练习 1.复习竞技腿法横踢、后踢、下劈腿、侧踢等踢腿技术。 2.练习简单组合竞技动作技术。 3.复习竞技腿法原地打靶技	40分钟	各3遍	要求： 教师喊口令，指导学生，并纠正错误动作，学生练习。 要求： 1.教师详讲分解动作和注意事项，并从各个角度做示范1～2次。 2.学生按要求进行练习，教师轮回指导

教学过程及内容 70分钟	4.学习竞技腿法组合打靶技术。 动作要领：腿法和腿法之间衔接要连贯；击打准确；身体放松。 教学重点：组合动作衔接连贯。		并纠正错误动作。 3.教师依据学生课堂掌握情况喊口令，学生听教师口令进行练习。 4.一组拿靶，另一组打靶，相互交换。
结束部分 5分钟	一、放松活动 1.两人一组相互按摩放松； 2.教师带领同学做拉伸活动； 3.放松思想，去除杂念； 4.简评本节课课程完成情况。 二、本次课程内容结束，师生行礼道别，整理并归还器材。		要求： 教师喊口令，指导学生，并纠正错误动作，学生练习。 组织： ○ ○ ○ ○ ○ ○ ○ ○ ○ ○ ⊗ 1.按口令进行放松活动，充分拉伸4个八拍。 2.教师概括性的总结本节课内容的完成情况并针对性的布置学生的课后练习内容。 3.师生相互行礼道别。

表18.13　××级第一学期第×周第13次课

授课内容	1.学习竞技腿法组合打靶技术。 2.通过学习，培养学生吃苦耐劳，团结协作的精神。			
课程部分	教学内容	时间	组数次数	组织教法与要求
准备部分 15分钟	一、常规课堂项目 1.体育委员带领全体同学排队集合、师生相互问好行礼。 2.按花名册点名落实人数、安排见习生的活动。 3.教师简述本次课程的教学内容以及相应的组织要求。	5分钟	2圈	队形： ○ ○ ○ ○ ○ ○ ○ ○ ○ ○ ⊗ 1.师生相互问好后，简明扼要地讲述授课内容及要求； 2.检查学生穿着，落实考勤，妥当安排见习生。 要求： 1.以高个同学为排头，成两路纵队绕场地跑两圈，第一圈慢跑，第二圈加速跑。 2.教师喊口令并做示范动作，口令洪亮清晰，示范动作标准有力。

续表

准备部分 15分钟	二、准备活动 1.全体同学整队集合，排队慢跑 2.徒手操： 伸展运动； 颈部运动； 肩绕环运动； 体转运动； 体侧运动； 正压腿、侧压腿； 活动手腕脚腕。 3.压腿练习。	10分钟	2×8拍	要求：教师边喊口令边领做，学生学做。学生严格按照教师要求严格压腿，尽可能将韧带压开，但注意压腿时自身限度，防止拉伤。
教学过程及内容 70分钟	一、复习品势太极一章和太极二章 动作要领：动作的准确性、动作的力度的练习。 教学重点：动作的准确性的练习。	30分钟	各4遍	要求： 1.教师详讲分解动作和注意事项，并从各个角度做示范1～2次。 2.学生按要求进行练习，教师轮回指导并纠正错误动作。 3.教师依据学生课堂掌握情况喊口令，学生听教师口令进行练习。
	二、打靶技术练习 1.复习竞技腿法横踢、后踢、下劈腿、侧踢和后踢技术。 动作要领：动作的正确性、动作的启动速度练习。 教学动重点：动作启动速度的练习。 2.学习竞技腿法原地打靶技术 动作要领：击打准确性；出腿速度；身体放松。 教学重点：出腿速度快。	40分钟	5遍	要求： 教师喊口令，指导学生，并纠正错误动作，学生练习。 要求： 1.教师详讲分解动作和注意事项，并从各个角度做示范1～2次； 2.学生听讲解并按要求进行 3～4 次模仿，教师及时纠正错误动作，巡回指导。 3.教师依据学生课堂掌握情况喊口令，学生听教师口令进行练习。 4.一组拿靶，另一组打靶，相互交换。
结束部分 5分钟	一、放松活动 1.两人一组相互按摩放松； 2.教师带领同学做拉伸活动； 3.放松思想，去除杂念； 4.简评本节课程完成情况。 二、本次课程内容结束，师生行礼道别，整理并归还器材。	5分钟		组织： ○ ○ ○ ○ ○ ○ ○ ○ ○ ○ ○ ○ ⊗ 1.按口令进行放松活动，充分拉伸4个八拍。 2.教师概括性的总结本节课内容的完成情况并针对性的布置学生的课后练习内容。 3.师生相互行礼道别。

表18.14　××级第一学期第×周第14次课

课程部分	教学内容	时间	组数次数	组织教法与要求
授课内容	1.专项素质练习。 2.学习竞技跆拳道移动打靶技术。 3.通过学习，培养学生吃苦耐劳，团结协作的精神。			
准备部分 15分钟	一、常规课堂项目 1.体育委员带领全体同学排队集合、师生相互问好行礼。 2.按花名册点名落实人数、安排见习生的活动。 3.教师简述本次课程的教学内容以及相应的组织要求。	5分钟	2圈	队形： 〇〇〇〇〇 〇〇〇〇〇 ⊗ 1.师生相互问好后，简明扼要地讲述授课内容及要求； 2.检查学生穿着，落实考勤，妥当安排见习生。 要求： 1.以高个同学为排头，成两路纵队绕场地跑两圈，第一圈慢跑，第二圈加速跑。 2.教师喊口令并做示范动作，口令洪亮清晰，示范动作标准有力。
	二、准备活动 1.全体同学整队集合，排队慢跑。 2.徒手操： 伸展运动； 颈部运动； 肩绕环运动； 体转运动； 体侧运动； 正压腿、侧压腿； 活动手腕脚腕； 3.压腿练习。	10分钟	2×8拍	要求：教师边喊口令边领做，学生学做。学生严格按照教师要求严格压腿，尽可能将韧带压开，但注意压腿时自身限度，防止拉伤。
教学过程及内容 70分钟	一、专项素质练习 1.提膝20次； 2.立卧撑跳15次； 3.快速往返跑20次（2米）； 4.柔韧练习。 教学重点：提高速度和速度耐力能力。	30分钟	各3组	要求： 1.教师详讲分解动作和注意事项，并从各个角度做示范1~2次。 2.学生按要求进行练习，教师轮回指导并纠正错误动作。 3.教师依据学生课堂掌握情况喊口令，学生听教师口令进行练习。
	二、打靶技术练习 1.复习竞技腿法横踢、后踢、下劈、侧踢和后踢技术。 动作要领：动作的正确性、启动速度练习。 教学重点：启动速度的练习。	40分钟	各5次	组织： 〇〇〇〇〇 〇〇〇〇〇 ⊗ 要求： 1.教师详讲分解动作和注意事项，并从

151

教学过程及内容 70分钟	2.学习竞技腿法移动打靶技术。 动作要领：衔接动作的流畅性、击打速度快。 教学重点：击打速度快。		各个角度做示范1~2次； 2.学生按要求进行模仿练习2~3次，教师轮回指导并纠正错误动作。 3.教师依据学生课堂掌握情况喊口令，学生听教师口令进行练习。 4.一组拿靶，另一组打靶，相互交换。
结束部分 5分钟	一、放松活动 1.两人一组相互按摩放松； 2.教师带领同学做拉伸活动； 3.放松思想，去除杂念； 4.简评本节课课程完成情况。 二、本次课程内容结束，师生行礼道别，整理并归还器材。	5分钟	组织： ○ ○ ○ ○ ○ ○ ○ ○ ○ ○ ○ ○ ⊗ 1.按口令进行放松活动，充分拉伸4个八拍。 2.教师概括性的总结本节课内容的完成情况并针对性的布置学生的课后练习内容。 3.师生相互行礼道别。

表18.15　××级第一学期第×周第15次课

授课内容	1.学习跆拳道竞技反应靶打靶技术练习。 2.竞技跆拳道条件实战练习。 3.通过学习，培养学生协作能力，顽强拼搏的精神。			
课程部分	教学内容	时间	组数次数	组织教法与要求
准备部分 15分钟	一、常规课堂项目 1.体育委员带领全体同学排队集合、师生相互问好行礼。 2.按花名册点名落实人数、安排见习生的活动。 3.教师简述本次课程的教学内容以及相应的组织要求。	5分钟	2圈	队形： ○ ○ ○ ○ ○ ○ ○ ○ ○ ○ ○ ○ ⊗ 1.师生相互问好后，简明扼要地讲述授课内容及要求； 2.检查学生穿着，落实考勤，妥当安排见习生。 要求： 1.以高个同学为排头，成两路纵队绕场地跑两圈，第一圈慢跑，第二圈加速跑。 2.教师喊口令并做示范动作，口令洪亮清晰，示范动作标准有力。
	二、准备活动： 1.全体同学整队集合，排队慢跑。 2.徒手操： 伸展运动；	10分钟	2×8拍	要求：教师边喊口令边领做，学生学做。学生严格按照教师要求严格压腿，尽可能将韧带压开，但注意压腿时自身限度，防止拉伤。

续表

准备部分 15分钟	颈部运动； 肩绕环运动； 体转运动； 体侧运动； 正压腿、侧压腿； 活动手腕脚腕。 3.压腿练习			
教学过程 及内容 70分钟	一、打靶技术练习 　1.复习竞技腿法横踢、后踢、下劈、侧踢等踢腿技术 　2.复习竞技腿法原地打靶技术和移动靶 　3.学习竞技腿法反应打靶技术 　动作要领：反应能力快，判断动作要正确，身体放松。 　教学重点：反应能力快。	30分钟	各5遍	组织： ○ ○ ○ ○ ○ ○ ○ ○ ○ ○ ○ ○ 　　　⊗ 要求： 1.教师详讲分解动作和注意事项，并从各个角度做示范1~2次； 2.学生按要求进行模仿练习2~3次，教师轮回指导并纠正错误动作。 3.教师依据学生课堂掌握情况喊口令，学生听教师口令进行练习。 4.一组拿靶，另一组打靶，相互交换。
	二、教学比赛 　学习竞技跆拳道的条件实战。 　动作要领：击打动作准确，反击技术快，防守能力强。 　教学重点：防守能力强，反击能力快。	40分钟	各5次	组织： ○ ○ ○ ○ ○ ○ ○ ○ ○ ○ ○ ○ 　　　⊗ 要求： 1.教师详讲分解动作和注意事项，并从各个角度做示范1~2次； 2.学生听讲解并按要求进行3~4次模仿，教师及时纠正错误动作，巡回指导； 3.教师依据学生课堂掌握情况喊口令，学生听教师口令进行练习。 4.教师规定一组进攻，一组反击，相互交换。
结束部分 5分钟	一、放松活动 1.两人一组相互按摩放松； 2.教师带领同学做拉伸活动； 3.放松思想，去除杂念； 4.简评本节课课程完成情况。 二、本次课程内容结束，师生行礼道别，整理并归还器材。	5分钟		组织： ○ ○ ○ ○ ○ ○ ○ ○ ○ ○ ○ ○ 　　　⊗ 1.按口令进行放松活动，充分拉伸4个八拍。 2.教师概括性的总结本节课内容的完成情况并针对性的布置学生的课后练习内容。 3.师生相互行礼道别。

表 18.16　××级第一学期第×周第 16 次课

授课内容	1.专项素质练习。 2.学习竞技跆拳道组合打靶技术练习。 3.学习竞技跆拳道条件实战练习。			
课程部分	教学内容	时间	组数次数	组织教法与要求
准备部分 15 分钟	一、常规课堂项目 1.体育委员带领全体同学排队集合、师生相互问好行礼。 2.按花名册点名落实人数、安排见习生的活动。 3.教师简述本次课程的教学内容以及相应的组织要求。	5 分钟	2 圈	队形： 〇〇〇〇〇〇 〇〇〇〇〇〇 ⊗ 1.师生相互问好后，简明扼要地讲述授课内容及要求； 2.检查学生穿着，落实考勤，妥当安排见习生。 要求： 1.以高个同学为排头，成两路纵队绕场地跑两圈，第一圈慢跑，第二圈加速跑。 2.教师喊口令并做示范动作，口令洪亮清晰，示范动作标准有力。
	二、准备活动 1.全体同学整队集合，排队慢跑。 2.徒手操： 伸展运动； 颈部运动； 肩绕环运动； 体转运动； 体侧运动； 正压腿、侧压腿； 活动手腕脚腕。 3.压腿练习。	10 分钟	2×8 拍	要求：教师喊口令并做示范动作，学生按教师口令，模仿学做。要严格按照教师要求压腿，将韧带压开，这样才有利于后续课程内容的学习。但一定注意限度，切不可过度。
教学过程及内容 70 分钟	一、专项素质练习 1.提膝 20 次； 2.立卧撑跳 15 次； 3.仰卧起坐 20 次； 4.柔韧练习。 教学重点：提高速度、腰腹力量、柔韧性。	20 分钟	各 2 组	组织： 〇〇〇〇〇〇 〇〇〇〇〇〇 ⊗ 要求： 1.教师详讲分解动作和注意事项，并从各个角度做示范 1~2 次； 2.学生听讲解并按要求进行 3~4 次模仿，教师及时纠正错误动作，巡回指导； 3.教师依据学生课堂掌握情况喊口令，学生听教师口令进行练习。

续表

教学过程及内容 70分钟	二、打靶技术练习 1.复习竞技腿法横踢、后踢、下劈腿、侧踢和腿踢技术。 2.复习竞技腿法组合打靶技术。 动作要领：动作衔接流畅；击打准确；身体放松。	20分钟 各5次	组织： 〇 〇 〇 〇 〇 〇 〇 〇 〇 〇 ⊗ 要求： 1.教师详讲分解动作和注意事项，并从各个角度做示范1~2次； 2.学生听讲解并按要求进行3-4次模仿，教师及时纠正错误动作，巡回指导； 3.教师依据学生课堂掌握情况喊口令，学生听教师口令进行练习。 4.教师规定一组进攻，一组反击，相互交换。
	三、教学比赛 复习竞技跆拳道的条件实战。 动作要领：击打动作准确，反击技术快，防守能力强。 教学动重点：防守能力强，反击能力快。	30分钟	
结束部分 5分钟	一、放松活动 1.两人一组相互按摩放松； 2.教师带领同学做拉伸活动； 3.放松思想，去除杂念； 4.简评本节课课程完成情况。 二、本次课程内容结束，师生行礼道别，整理并归还器材。	5分钟	组织： 〇 〇 〇 〇 〇 〇 〇 〇 〇 〇 ⊗ 1.按口令进行放松活动，充分拉伸4个八拍。 2.教师概括性的总结本节课内容的完成情况并针对性的布置学生的课后练习内容。 3.师生相互行礼道别。

表18.17　××级第一学期第×周第17次课

授课内容	1.期末专项素质考试。 2.通过一学期的学习，检查学生的学习情况。 3.通过考试，培养学生终身体育锻炼的意识。			
课程部分	教学内容	时间	组数次数	组织教法与要求
准备部分 15分钟	一、常规课堂项目 1.体育委员带领全体同学排队集合、师生相互问好行礼。 2.按花名册点名落实人数、安排见习生的活动。 3.教师简述本次课程的教学内容以及相应的组织要求。	5分钟	2圈	队形： 〇 〇 〇 〇 〇 〇 〇 〇 〇 〇 ⊗ 1.师生相互问好后，简明扼要地讲述授课内容及要求； 2.检查学生穿着，落实考勤，妥当安排见习生。 要求： 1.以高个同学为排头，成两路纵队绕场

续表

准备部分 15分钟	二、准备活动 1.全体同学整队集合，排队慢跑。 2.徒手操： 伸展运动； 颈部运动； 肩绕环运动； 体转运动； 体侧运动； 正压腿、侧压腿； 活动手腕脚腕。 3.压腿练习。	10分钟	2×8拍	地跑两圈，第一圈慢跑，第二圈加速跑。 2.教师喊口令并做示范动作，口令洪亮清晰，示范动作标准有力。 要求：教师边喊口令边领做，学生学做。学生严格按照教师要求严格压腿，尽可能将韧带压开，但注意压腿时自身限度，防止拉伤。
教学过程及内容 70分钟	专项素质考试 1.宣布考试要求； 2.分组； 3.考试。	70分钟		组织： ○ ○ ○ ○ ○ ○ ○ ○ ○ ○ ⊗ 要求： 1.教师讲解，学生按要求进行考核。 2.教师喊口令，学生考核。
结束部分 5分钟	一、放松活动 1.两人一组相互按摩放松； 2.教师带领同学做拉伸活动； 3.简评本节课课程完成情况。 二、本次课程内容结束，师生行礼道别，整理并归还器材。			组织： ○ ○ ○ ○ ○ ○ ○ ○ ○ ○ ⊗ 1.按口令进行放松活动，充分拉伸4个八拍。 2.教师概括性的总结本节课内容的完成情况并针对性的布置学生的课后练习内容。 3.师生相互行礼道别。

表18.18　××级第一学期第×周第18次课

授课内容	1.期末专项技术考试。 2.通过一学期的学习，检查学生的学习情况。 3.通过考试，培养学生吃苦耐劳，持之以恒的精神。			
课程部分	教学内容	时间	组数次数	组织教法与要求
准备部分 15分钟	一、常规课堂项目 1.体育委员带领全体同学排队集合、师生相互问好行礼。 2.按花名册点名落实人数、安排见习生的活动。	5分钟	2圈	队形： ○ ○ ○ ○ ○ ○ ○ ○ ○ ○ ⊗

续表

准备部分 15分钟	3.教师简述本次课程的教学内容以及相应的组织要求。	5分钟	2圈	1.师生相互问好后，简明扼要地讲述授课内容及要求； 2.检查学生穿着，落实考勤，妥当安排见习生。 要求： 1.以高个同学为排头，成两路纵队绕场地跑两圈，第一圈慢跑，第二圈加速跑。 2.教师喊口令并做示范动作，口令洪亮清晰，示范动作标准有力。
	二、准备活动 1.全体同学整队集合，排队慢跑. 2.徒手操： 伸展运动； 颈部运动； 肩绕环运动； 体转运动； 体侧运动； 正压腿、侧压腿； 活动手腕脚腕。 3.压腿练习。	10分钟	2×8拍	要求：教师边喊口令边领做，学生学做。学生严格按照教师要求严格压腿，尽可能将韧带压开，但注意压腿时自身限度，防止拉伤。
教学过程 及内容 70分钟	专项技术考试 1.宣布考试要求； 2.分组； 3.考试。	70分钟		组织： 〇 〇 〇 〇 〇 〇 〇 〇 〇 〇 〇 〇 ⊗ 要求： 1.教师讲解，学生按要求进行考核。 2.教师喊口令，学生考核。
结束部分 5分钟	一、放松活动 1.两人一组相互按摩放松； 2.教师带领同学做拉伸活动； 3.本学期总结。 二、本次课程内容结束，师生行礼道别，整理并归还器材。	5分钟		组织： 〇 〇 〇 〇 〇 〇 〇 〇 〇 〇 ⊗ 1.按口令进行放松活动，充分拉伸4个八拍。 2.教师概括性的总结本节课内容的完成情况并针对性的布置学生的课后练习内容。 3.师生相互行礼道别。